我
们
一
起
解
决
问
题

黄盛 —— 著

轻松玩转

内容变现

》

人民邮电出版社

北　京

图书在版编目（CIP）数据

轻松玩转内容变现 / 黄盛著. -- 北京：人民邮电
出版社，2024.1
ISBN 978-7-115-63369-9

Ⅰ．①轻… Ⅱ．①黄… Ⅲ．①网络营销 Ⅳ.
①F713.365.2

中国国家版本馆CIP数据核字(2023)第248765号

内 容 提 要

目前，随着社交媒体的发展，越来越多的人选择通过短视频、图文或直播的形式进行内容变现，甚至将其作为个人职业。那么，在这样的趋势下，内容创作者们想通过流量掘金，做内容变现，到底可以采用哪些方法，从哪些方面入手呢？

本书为帮助内容创作者快速掌握互联网内容的创作方式，对主要的爆款内容创作路径做了详细的梳理，并且通过案例拆解帮助内容创作者们形成完整的爆款内容创作全流程框架。同时，本书分别从短视频、图文、直播三类主要的内容形式出发，进行完整的爆款内容创作解析，提供了实用性极强的内容创作技巧。而且，本书对抖音、小红书、B站、视频号、快手、微信公众号、知乎的特性分别进行了介绍，读者可以从中找到能使自己的内容快速变现的平台。最后，本书从定位和人设出发，为读者解析了如何开展内容营销及完成内容商业化。

本书适合想做博主的新手、想了解内容变现各环节运营方法的企业或品牌创始人、想要精进自身操盘能力的自媒体行业从业人员、希望实现更快流量转化的个人博主及创业小团队阅读。

◆ 著 黄 盛
责任编辑 张国才
责任印制 彭志环

◆ 人民邮电出版社出版发行　北京市丰台区成寿寺路 11 号
邮编 100164　电子邮件 315@ptpress.com.cn
网址 https://www.ptpress.com.cn
北京宝隆世纪印刷有限公司印刷

◆ 开本：880×1230　1/32
印张：7.75　　　　　　　　　　2024 年 1 月第 1 版
字数：150 千字　　　　　　　　2024 年 1 月北京第 1 次印刷

定 价：69.80 元
读者服务热线：（010）81055656　印装质量热线：（010）81055316
反盗版热线：（010）81055315
广告经营许可证：京东市监广登字20170147号

　　荣格说，向外看的人睡着，向内看的人醒着。我们每个人，只有在内观的过程中，才会看到自己真正的内心需求，从而激发自己或许从未意识到的超级潜能。

　　每一轮经济周期都会触发新的风口和机遇，都是每一位想踩准机遇去乘风破浪的"淘金者"不断向内观求积累、向外观求爆发的过程。当然，人与人之间肯定会存在运气、家庭、平台的差异，但只要我们掌握了现行游戏规则的玩法，就好比掌握了一套"在风口之下属于普通人的变现说明书"。

　　或许你在读到这本书之前已经错过了 2008 年的淘宝、2010年的公众号和 2018 年的抖音，羡慕身边那些已经抓住机遇、实现财富和阶层逆袭的人。此刻，来到互联网下半场，你或许会迷茫，当下是否还有属于自己的淘金机会？是否还有哪个平台能让普通人实现从 0 到 1？这些疑惑在我决心跨界入局自媒体之前，也同样存在过。

这里先简单讲一下我在自媒体领域实现商业化的经历，也希望我的故事可以给你一些是否要入局自媒体的启发。

2019 年是我事业的一个重要分水岭。这一年，我从大公司辞职，并开始创业。创业的项目是在我们当地一个相当知名的景区旁边投资经营一片老旧街区做文旅项目，同时在这个街区还投了数家餐饮店。

从 2020 年下半年到 2021 年上半年，这些实体店的经营进入了低谷期，很多同行在这个阶段都转卖项目或直接关门，我们也关闭了一些餐饮业态。但基于过去做营销的经验，我们团队很快调整并适应了新的市场环境和节奏。整个调整周期差不多 11 个月，实体店的投资回报率（ROI）又重新回正，单店的月流水都在百万元以上。在这个过程中，我们也收了一些位置不错但经营不下去的门店。无论文旅项目，还是餐饮门店，到现在依旧是重庆本土知名打卡地，节假日时每家店排队好几十桌。

2022 年 8 月左右，我在复盘实体店流量成果的过程中萌发了想自己做新媒体知识付费的想法。之所以有这个想法，是因为我对实体店嫁接新媒体运营的玩法、在公域做内容及引流到私域成交的整个闭环有实操经验。平时看短视频看多了，出于商业的敏感性，我嗅到了新媒体超级个体的商机，于是在对各个平台的玩法规则及同领域的十几个大小账号做了像素级拆解，并研究完对方所有的内容和产品后，正式开始以"盛盛姐"这个商业博主的身份开启了新媒体流量变现之路。我将商业思维、实体操盘、职场十余年的营销经验糅合起来，计划先快速跑通一个变现模型，然后迅速复制和放大。

我的首选平台就是小红书，其他平台做内容分发。选择这个平台，也是基于对平台用户画像、流量分发机制，以及该平台在近 2 年的营销动作，再结合我的人设、赛道竞争程度、差异化变现机遇等做出的判断。

事实再次证明，作为敏捷的创业者，对商业一定要保持敏感。所以，这一次我又踩对了平台和风口。至今，作为商业博主，我已经给近千个新媒体账号进行内容赋能，覆盖行业从母婴育儿、家居家装、大健康养生、疗愈、情感、留学等大热领域，到当代艺术、古典音乐、航空航天等小众细分领域；服务的客户人群从学生、宝妈、普通上班族，到职业经理人、企业管理者、娱乐主播等。他们中，有些人通过新媒体实现月入百万元，也有些人成为全网拥有超过 10 万粉丝的博主，还有些人通过新媒体实现了职场的跃迁。

如果你要问我：新媒体到底有什么魅力？为什么坚持尝试在新媒体平台创作内容的人最终都会名利双收？我想这本书会给你答案。

　　每一个想跑赢时间、乘风口而上的创业者，都应该脚踏实地地向下扎根，才能枝繁叶茂地向上生长。本书就是帮助各位同路人向下扎根以汲取各平台玩法，并通过内容实现变现的指导说明。

　　想，没有答案；做，才有结果。与大家共勉！

黄　盛

2023.10.31

第1章　什么是内容

第 4 章　图文内容

第 5 章　如何选择内容平台

第6章 内容营销

第7章 内容商业化

01

第 1 章

什么是内容

本章要点预览

✦ 每个人在好内容中都能找到属于自己的心理投射，要么被感染情绪，要么为其付费，要么在其中学习了干货。

✦ 真正的好内容不需要追逐风口，因为好内容在各个风口都需要。

✦ 自媒体时代，普通人既是内容消费者，也是内容生产者。

✦ 兵贵神速，做内容一定要学会和时间赛跑。

✦ 品牌和内容创作者的思路是跟着用户走的，用户去哪里，流量和内容变现的场所就在哪里。

✦ 按照用户画像做内容，而不是为了获得泛流量做内容。

✦ 爆款内容的产生是概率问题，也有一定的偶然性，并非可以完全预测和保证，但我们可以用方法增加产生爆款内容的可能性。

✦ 蹭热点一定要找到热点和自己所处领域及人设的交集，盲目地生拉硬拽可能依然不会有流量。

1.1 好内容的标准亘古不变

好内容是时刻都被商业市场需要的,因为它代表着人们对知识、娱乐和思想的需求,也代表着交易的本质,即价值互换。而价值是通过内容体现的。

凡现象级的博主或品牌,都无一不将好内容作为传播及变现的内核。因为只有好内容才能够引起用户共鸣,并被用户自发传播。每个人在好内容中都能找到属于自己的心理投射,要么被好内容感染了情绪,要么在好内容中学习了干货,要么为好内容付了费。

例如,现象级网络达人李子柒以素人身份开启自媒体博主之路,围绕以中国传统文化、农耕生活和手工艺技术为主的方向持续输出内容,在经历前期的摸索和内容迭代之后,以破竹之势成为生活方式领域的黑马级选手,之后又开启了与专业新媒体公司的商业化合作之路,进一步放大自己的品牌势能。她最终完成了以李子柒为个人品牌的周边产品供应链商业化和电商路径,并成为被主流媒体点名推荐的推广中国文化的正能量博主。

李子柒的成功为每一位想成为优质内容创作者的普通人和想通过创作优质内容传播商业价值的品牌都树立了优质模板，即打造好内容。那么，什么才是不仅会获得关注，还可以创造收入的好内容呢？

首先，好内容不仅利他，而且能精准满足用户的需求。在信息爆炸的今天，用户对内容的要求越来越高。只有提供优质、精准的内容，才能够赢得用户的信任，激发他们的兴趣和共鸣，从而提高用户留存率和转化率。

其次，好内容才能让你获得真实粉丝。在新媒体时代，具备活跃度、有黏性的真实粉丝才是内容创作者的核心资源之一。好内容可以吸引更多用户关注，让内容创作者能够不断扩大自己的影响力和用户基础。而且，好内容可以引起用户的兴趣，激发他们的共鸣，从而提高用户留存率和转化率。

无论是微博，还是其他新媒体平台，你会发现一个很有趣的现象，即凡是好内容，其转粉率一定很高。什么叫转粉率高？例如，一条笔记的点赞等互动量是300，如果这条笔记的涨粉数量越接近300或超过300，转粉率就越高。

转粉率高的内容往往代表用户对这个账号或这位博主充满了期待，很期待这个账号或这位博主接下来会发什么样的内容。例如，李子柒的内容不仅提供了情绪价值，还具备认知干货。她在视频中拆解制作一道美食或一件工艺品的详细过程，就是在帮助用户学习新的知识和技能。这种既具备情绪价值，又可以学习干货的账号，自然让人充满了期待。

所以，如果你辛苦努力了很久，发了很多笔记，一直没有出现过流量非常好的爆款内容，不妨复盘一下，你的内容到底是否值得被人期待？

最后，只有好内容能够创造高变现的商业价值。在新媒体时代，好内容才可以为创作者实现多途径的商业价值，包括广告、付费阅读、电商等。而且，好内容能够吸引更多用户访问和粉丝关注，为创作者带来更多的商业机会和收益。

还是以李子柒为例，她无疑在商业价值上取得了巨大的成功。她的内容变现情况可谓相当可观，主要包含以下几个方面。

（1）广告和品牌合作

与各种品牌合作，为其产品或服务进行宣传和推广，是李子柒最早启动的变现方式。这些合作通常体现在她的视频中，通过自然融入或专门的合作内容展示品牌的特点和优势。

例如，李子柒在 YouTube 上的粉丝数量接近 1800 万个，单月广告可以变现 78 万元左右。而她仅仅发布了 128 个视频，总播放量就冲到 29.2 亿次观看。

（2）原创产品销售

李子柒开设了官方网店，并推出了自己的原创产品线，如茶具、餐具、手工艺品等。虽然大众都知道李子柒的原创产品中某些是与供应链合作贴牌生产的，但是由于她的内容太受用户喜爱了，在用户心智中，贴着李子柒标牌的产品就代表李子柒的品位和品质。李子柒成功地将自己的影响力转化成了实际的销售收入。

当然，好产品一定具有能撑得住变现的质量。例如，我自己就非常喜欢李子柒品牌的螺蛳粉，不仅因为这是李子柒，还因为口感真的很棒，这是产品与内容相互成就的美食。

2020 年 7 月 1 日公众号"天猫海外"发表的《天猫淘宝海外国货出海品牌，李子柒一碗螺蛳粉卖到超 100 国》一文报道，李子柒螺蛳粉一年在海外可以卖出 50 万份，一个带货视频可以实现 70 万元人民币的销量。

（3）社交媒体赞助和付费订阅

除了主要的内容平台，李子柒还在一些社交媒体平台上设立了付费订阅通道，观众可以通过付费订阅获取额外的独家内容或特殊服务。这种方式提供了一种直接的收费模式，为李子柒带来了持续的收入。

这种付费订阅的变现方式，对内容创作者的粉丝数量和粉丝黏性都有极高的要求。目前，在国内实现付费订阅的博主依旧凤毛麟角。李子柒在这一类商业变现上可以跑通闭环，足以说明一件事，那就是她的商业号召力相当强悍。

通过解读李子柒，我们会发现一个很有意思的现象：真正的好内容是不需要追逐风口的，因为好内容在各个风口都是需要的。因此，作为创作者，我们必须致力于创作优质、有价值的内容，不断提高自己的创作水平和影响力。

1.2 媒介的改变让普通人具有做内容的权利

当我们从过去只能被动接受内容的观望者，到现在可以主动参与讨论甚至创作内容，变成内容生产者时，我们看待世界的眼光也会发生改变。而之后随着改变的，将是我们在这个社会的生态位。

作为新媒体知识博主和实体店老板，我的创业之路真正实现流量与变现的爆发，的确就来自新媒体内容的加持。我们这些普通人可以因为媒介的改变而发出"声音"，并且有了做内容的权利，主要归功于以下几个原因。

1.2.1 平等的传播平台

传统媒体通常由少数几家机构掌控，它们拥有专业的编辑团队、广告商的支持，以及垄断优势的传播渠道，所以它们可以决定内容的制作和传播。而当今各类新媒体平台与传统媒体的一个重要不同之处就在于其本身是不制作内容的，而只是分发流量。因此，它们鼓励平台的用户创作内容、表达自己，从而提升平台的用户活跃度；还会为优质内容倾斜流量，从而吸引更多新用户。换句话说，新媒体为每个人提供了平等的传播渠道，任何人只要有能上网的手机，甚至不需要电脑，就可以创作、发布和分享自己的内容。

以社交"种草"平台小红书为例（见图 1-1），这个平台深耕国内一、二线城市及海外华人市场，用户中"90后"占绝大多数，约70%的用户为女性（男性用户增至30%），月活用户数达到2.65亿。这个活跃度已经相当高了。

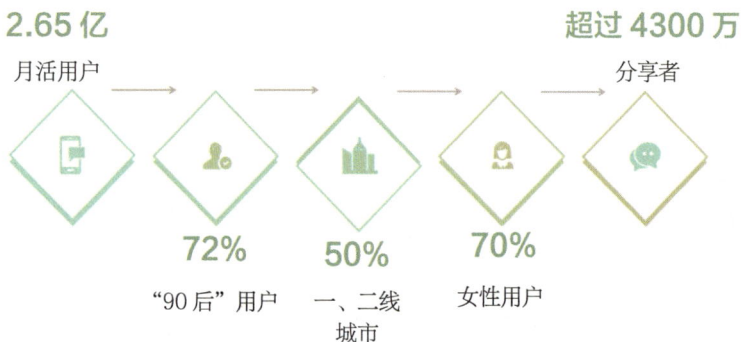

2.65亿　　　　　　　　　　　　　　　　　**超过4300万**
月活用户　→　　　　→　　　　→　　分享者

72%　　　50%　　　70%
"90后"用户　一、二线　女性用户
　　　　　城市

图1-1　2022小红书商业生态大会数据

　　小红书的注册流程非常简单，没有任何审核注册的等待时间，用户注册成功后立刻就可以发布自己的内容。这种开放性使任何人都有机会在小红书上发表自己的观点和体验，而不受地域、身份或背景的限制。

　　2023年，小红书因为要猛攻电商和直播领域，所以进一步降低了开直播和开薯店的门槛。现在只要你注册了小红书，0粉丝也可以直接开薯店进行带货。这等于不止降低了内容创作的门槛，还降低了内容变现的门槛。

1.2.2　低门槛的创作工具

　　你不需要有昂贵的相机设备，也不需要搭建专业的拍摄场景，甚至都不需要买高端的手机，你只要打开手机的相机功能就可以开始创作了。如果不会剪辑，市面上"傻瓜式"剪辑软件多如牛毛，并且都可以下载到手机上使用，技术门槛极低。

还是以小红书为例。小红书对内容形式多样化的包容度是所有社交媒体平台中最高的，其内容形式包括文字、图片和视频等。这意味着用户可以根据自己的喜好和技能选择适合自己的创作方式。为了鼓励用户创作和发布内容，无论是写作、摄影、美妆教程、手工艺品制作，还是其他创意内容，小红书都提供了平台和工具供用户展示自己的创造力。

1.2.3 泛社交媒体的兴起

泛社交媒体平台包括 Facebook、YouTube、微博等。通过这些社交媒体，普通人可以与其他人建立联系，分享自己的观点和经验，扩大影响力，并吸引更多的观众和粉丝。

例如，小红书定位为社交媒体，并且鼓励大家创作"种草"类型的内容，所以小红书的互动和交流就构建了一个社区生态系统，用户可以在平台上相互关注、评论、点赞和分享内容。这种社区互动和交流机制为创作者提供了与观众及其他用户直接互动的机会，促进了更广泛的交流和知识分享。

此外，为了进一步加强用户的互动性，小红书利用智能算法为用户个性化地推荐内容。通过分析用户的兴趣、关注和互动行为，小红书平台能够向用户展示更相关和感兴趣的内容，为用户提供定制化的体验。这种个性化推荐使所有用户都有机会获得观众的关注和支持，并且都有机会快速看到自己感兴趣的内容，从而被激发去互动。

1.2.4 自主运营媒体和变现机会

新媒体为普通人提供了自主运营媒体的机会。通过建立自己的社交媒体账号，普通人可以直接发布和管理自己的内容，形成自己的粉丝群体；还可以通过运营自己的账号实现多途径的收入，如广告合作、产品销售、直播带货等。例如，小红书的变现渠道就很多元化。

（1）品牌合作

小红书允许创作者与品牌进行合作推广。创作者可以与品牌合作，撰写产品推荐、评测、试用体验等内容以吸引粉丝关注，并增加品牌的曝光度。品牌合作通常以赞助费或商品报酬的形式进行。

（2）电商销售

小红书与电商平台合作，为创作者提供了直接销售产品的机会。创作者可以在小红书上开设店铺，销售自己的产品或推广其他品牌的产品。通过分享购买链接，创作者可以从销售中获得一定的佣金或利润。

（3）自媒体付费内容

运用小红书的自媒体功能，创作者可以通过开启付费订阅、加入会员专区或提供独家内容等方式获得收入。这使创作者可以为粉丝提供更深入的内容和专业化的服务，并从中获得订阅费或会员费等收益。

我有一位做半永久眉毛的学员，就是在小红书边做内容、边获得高变现的。她在小红书上从 0 粉丝开始，到现在已经可以实现每周 6 位数的被动收入了。

再以我自己为例。虽然精力受到实体店生意的牵扯，作为流量教练，每月招收学员数量不能超过 2 位数，但我在知识付费方面也有单月变现 6 位数及以上的经历。

这些是小红书为普通人提供的变现机会，然而具体的变现方式和案例可能会因个人创作者的不同而有所差异。

不过，每一种媒介都是传播"双刃剑"，在为内容提供不同程度的便利和可能的同时，也都对内容有着不同程度的影响和限制。此外，这些迭代的媒介不仅改变了信息传播的速度、范围、形式和效果，也改变了人们获取信息和参与信息生产的方式。因为新媒体让更多人得以扩展自己的创造力和想象力。例如，通过视频制作、图片处理、音乐制作甚至 AI 写作等技术工具，人们可以更加自由、便利、及时地表达自己的思想和感受。这些新媒体工具还可以帮助人们与全球范围的其他人建立联系，扩展自己的社交网络，从而促进文化和知识的交流。

自媒体时代，普通人不仅有了更多做内容的权利，还有了更多展示内容的权利。正如我们常说的，在这个时代，普通人既是内容消费者，也是内容生产者。

1.3　新媒体内容的 5 个特征

我们的生活已经离不开新媒体了。每天从睁眼起，我们就会打开手机，要么浏览聊天软件是否有新留言，要么浏览信息软件是否有新资讯，要么打开短视频软件，开始沉浸式"杀时间"。

我们普通人如果想通过做好内容创造收入，首先要掌握的一定是流量密码。换句话说，就是新媒体内容的特征。只有在创作内容时做到以下几点，我们的内容才是可以变现的好内容。

1.3.1　好内容要懂和时间赛跑

新媒体时代的信息都能够快速地发布和更新，不受时间和地域的限制。无论发布地点在世界的哪一个角落，点击发送后不到 10 秒，我们创作的内容就会及时出现在用户的手机屏幕上，只要他看到。

例如，2023 年马斯克访华，从他的私人飞机降落开始到整个访华行程，吃了什么，说了什么，和谁见面及进行交流，都会在全球各大新媒体平台上，以不同的语言和文字，被实时以图文或短视频的形式向全球新媒体用户展示。而发布相关马斯克访华行程和内容的用户并非都是新闻媒体工作者，还包括但不限于马斯克所访问企业的员工、在餐厅偶遇马斯克的顾客等。

人们喜欢这种"及时吃瓜"和"现场吃瓜"的新鲜感，以及即刻分享和讨论的乐趣。

如果换作过去的传统媒体，信息发布需要经过一定的审核程序，并且受到版面或时间段等因素的影响。即使速度再快地审稿、印刷，或者电视媒体神速编辑发布，我们最早也只能在热点事件发生的半天或一天之后才能看到相关的报道。

所以，如果我们想通过内容追热点，以博取流量的关注，一定要确保内容制作和发布的即时性。因为在"互联网+"时代，信息的热度保质期越来越短，如果3～5天还没有追上，即使我们花费精力精心制作了不错的内容，流量也会极大地降低。

例如，我在创作笔记时很喜欢追热点，董洁直播间、李子柒的复出等，第一次追时只要内容不过于平淡，都会成为爆款内容。但是，随着时间的推迟，哪怕同一个热点，我的内容制作得再精细，成为爆款的概率也会越来越低。可能就是相差2天，数据都会呈现天上地下的两极化趋势。因此，兵贵神速，我们做内容，一定要学会和时间赛跑。

1.3.2　互动性

有反馈的内容才能变现。

新媒体时代的信息一定不是单向输出的，而是能够与用户进行双向沟通和反馈的，也就是可以及时帮助内容创作者获得数据的正反馈，以便修正和改进下一次的内容输出和创作。

在传统媒体中，用户只能被动地接收信息，并且很难对信息进行评论或反馈。而在新媒体中，用户不仅是信息的接收者，也是信息的创造者和传播者。用户可以通过评论、点赞、转发等方式对信息进行评价或分享，并且可以与其他用户或作者进行交流。

无论是小红书、抖音还是视频号，互动量都是一个非常基础且十分重要的计算权重。熟悉新媒体的朋友都知道，我们每发布一条新内容，如果想让平台以最快的速度给这条内容实现最精准的推流，一定要在作品发布后尽快将点赞、收藏、评论、转发的数据积累起来，越多越好。这样才能够进入更大的流量池里，曝光在更多的用户"面前"。

在所有的新媒体内容形式中，对互动性需求最强烈的就是直播，无论在哪个平台都是如此。一场直播如果主题鲜明、节奏紧凑、主播的情绪感染力强，那么用户进入直播间后停留的时间就会更长。

以小红书平台的董洁直播间为例。董洁在小红书的直播，首场 GMV 即达到 3000 万元，累计 3 场下来 GMV 破亿元，直接把她捧上"小红书直播一姐"的地位[①]。

而且，董洁开创了一种新的直播内容形式，叫作生活方式内容。粉丝可以在直播间通过实时互动、社交媒体互动、互动游戏和抽奖、用户生成内容的互动等方式与董洁直播进行互动。

---

① 数据来源于小红书官方账号买手薯。

这种互动使观众不再是被动的观看者，而是能够积极影响直播数据的参与者。

1.3.3 多样性

新媒体的多样性体现在平台、内容、主题、参与度和创作者等多个层面。

（1）平台多样性

新媒体涵盖了各种平台和渠道，包括社交媒体（如小红书、Facebook、Twitter、Instagram）、视频分享平台（如抖音、视频号、YouTube、TikTok）、微博、微信公众号等。每个平台都有其独特的特点和用户群体，通过不同平台传播信息可以覆盖更广的范围。

例如，小红书是社交媒体，平台特色就是生活方式"种草"。所以，这个平台上的用户都带着学习的心态，用户素质比其他平台的用户要高，消费能力也比其他平台的用户要强。那么，基于这样的平台特色，小众品牌最适合在小红书上推广，通过小红书邀请达人"种草"产品。我们熟知的国货美妆玛丽黛佳、完美日记，都是借势小红书平台顺利走完品牌的从 0 到 1 阶段，通过达人"种草"的方式成为知名的国货品牌。到现在，国货香水品牌观夏也是通过在小红书进行达人带货及自有品牌账号的内容运营，"种草"生活方式，一炮而红。

相对于小红书的"种草"风格，视频号的特色就是可以借势私域进行传播。对于那些私域本身就垂直度够好的内容创作者，或者过去在公众号时期有一定粉丝积累的账号，无疑是如虎添翼。

（2）内容多样性

新媒体提供了丰富多样的内容形式，包括文字、图片、音频、视频等。不同类型的内容能够满足不同用户的需求和偏好，使信息传播更加全面和多元化。

内容创作者可以根据自己所创作内容的主要表达形式选择适合的新媒体平台。例如，如果你的内容的主要形式是短视频，那么抖音、小红书、视频号就是最适合的平台；如果你的内容的主要形式是图文，那么小红书、知乎就是最适合的平台，当然现在抖音也鼓励图文形式，只是平台的用户习惯尚未形成；如果你的内容的主要形式是音频，那么喜马拉雅等有声博客就是最适合的平台。

（3）主题多样性

不同的新媒体平台适合不同领域的内容创作。

这一点其实与各个平台对自己的商业定位有关。例如，小红书定位为生活方式的社交平台、"种草"百科全书，那么无论你的内容属于哪个领域，只要能给别人带来价值、让人有所收获，小红书就绝对适合你。这个价值包含情绪价值及干货价值。如果你的内容能够激发人短暂的情绪，换句话说，1~2分钟的视频就能让人哭或让人笑，那么抖音这样的泛娱乐平台就最适合你。我们今天看抖音会发现，很多博主都在视频里绞尽脑汁、无所不用其极地"抓眼球"。例如，博主"好端端的猪"的视频就是表现精致的美女在农村猪圈喂猪，其中单条视频的最高点赞量就达到了 770 多万人次，单月涨粉数量近 300 万个。像这样极致的反差很难让人不停留，其原因就是那一下被吸引了注意力。

很多人会说，抖音太像一个大庙会了，什么人都有，什么稀奇古怪的内容都能火。如果你是这样想的，那么你还没有转变为内容生产者。因为一切了无痕迹就能让人共情的内容，实际上具有相当厉害的创意和执行力。

（4）参与的多样性

新媒体非常鼓励用户参与互动，通过评论、点赞、分享等方式与内容创作者进行交流。用户可以积极参与讨论、表达观点，从而促进不同声音和观点的交流与碰撞，进一步丰富了参与的多样性。

关于这一点，尤其要提小红书。大多数新媒体平台的互动路径主要就是四个：点赞、收藏、评论、转发。此外，有一些新媒体平台会给博主设置群聊权限，博主可以在自己的粉丝群里与粉丝互动。而作为国内最优质的社交媒体平台之一，小红书的互动功能则更丰富。

- 封面 PK 功能：让粉丝来定博主发布的笔记，哪个封面更合适。

- 投票功能：让粉丝来投票互动，笔记里提到的选择类内容，你偏好哪一个？

此外，还有皮肤测试、穿搭推荐等。这些功能设计上的小细节，可以帮助小红书平台积累那些带着到平台"种草"心态的用户，令他们耐心细致地浏览自己感兴趣的话题和笔记，长时间停留在平台上。

（5）创作者多样性

新媒体降低了信息传播的门槛，使更多人有机会成为内容创作者。这导致了创作者的多样性，包括各个年龄段、不同背景、不同经验和专业领域的人都可以在新媒体平台上发声和分享自己的观点。

我过去听过一个玩笑，说玩网络游戏"王者荣耀"的朋友永远不会知道自己的队友到底是小学生，还是老大爷；很可能一局对抗下来，打败自己的是只有几岁、还在戴红领巾的学童。而实际上在我的学员里，年龄最小的是一位 12 岁的小学六年级学生，她在小红书上主要是分享自己的日常绘画。从选题、封面设计、Vlog 剪辑制作到粉丝互动，都是她自己全流程完成。而且，我在给她做教练的过程中，发现她具备很强的独立思考和创作能力，她的小红书账号（见图 1-2）产生爆款的概率挺高，粉丝质量也很好。这样的事情放在过去是难以想象的。一位小学生，汉字只学了 6 年，怎么就可以把新媒体和流量密码拿捏得如此到位呢？关键是她没有团队，没有"枪手"，就是她自己利用每个周末的休息时间完成一篇笔记的内容创作和发布。

所以，不管你今年几岁、什么背景，只要会用手机、会识

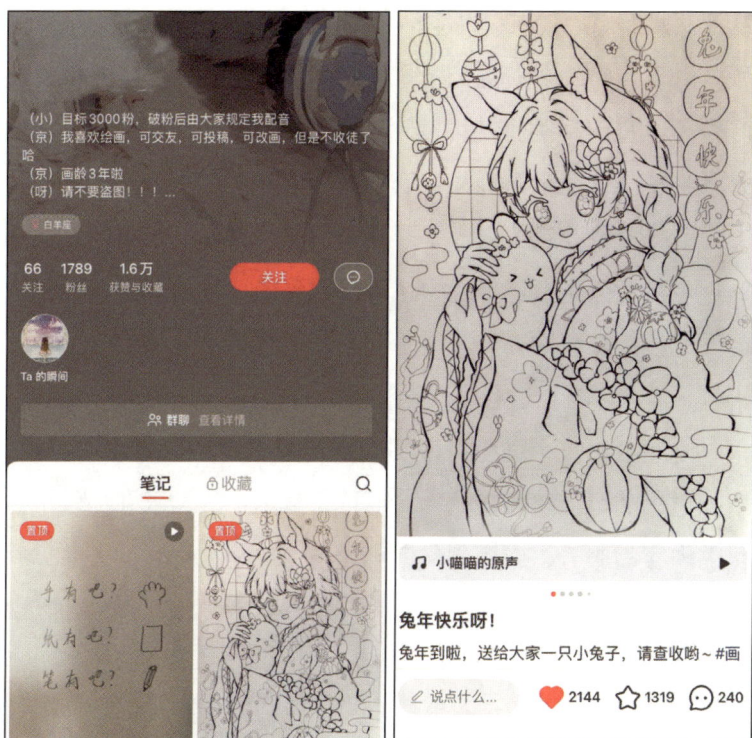

图 1-2 年龄最小学员的小红书

字、愿意行动，这个新媒体时代就永远给你留了一次逆袭人生的机会！

1.3.4 个性化

个性化意味着我们要通过数据分析和用户洞察，了解用户的兴趣、喜好和行为模式。通过收集和分析用户的数据，我们可以了解用户的浏览历史、搜索记录、社交媒体活动等信息，从而洞察他们的需求和兴趣。

由于我们每个人每天接收的信息几乎都是爆炸式的，所以广告片、宣传片类型的内容对新媒体用户的吸引力越来越低，并且用户对此类模块式的内容几乎没有兴趣停留超过 5 秒。

用户希望看到的内容是既高于现实、日常不多见的，又是贴近生活、似乎自己努把力也可以做到的，还是容易理解、自己看完就能够和别人分享讨论的。而大数据就能够根据用户的喜好、需求和特点进行算法定制推荐。

由此可见，个性化可以提高用户对平台的满意度和黏性，增加用户的留存率和转化率。通过了解用户的需求并提供个性化的内容和服务，内容创作者可以与用户建立更强的关系，并为他们创造更好的体验。

1.3.5　高度视频化

可以说，高度视频化是新媒体的当下和未来。视频已经成为新媒体领域最具吸引力、传播力和变现力的内容形式之一，其原因如下。

（1）视频消费的增长

随着互联网带宽的提高和智能手机的普及，视频的消费量大幅增长。越来越多的人选择观看视频，而不仅仅是阅读文字或浏览图片。视频可以生动地呈现信息，吸引用户的注意，使内容更易于被消化和理解。

其实，这也与人的受教育程度、工作生活环境息息相关。

例如，在今天的大部分四、五线城市，每一位智能手机用户都一定会通过手机看娱乐视频、电视剧或电影。这些素材要么来源于微信上朋友的分享，要么来源于他自己下载的抖音等新媒体软件的推送。无论哪一种，观看的可能性都绝对远高于看书和阅读长文章。

（2）社交媒体的视频化

主流社交媒体平台，如国内的小红书、抖音、视频号，以及国外的 Facebook、Instagram 和 TikTok 等，都加大了对视频内容的支持和推广。用户可以通过这些平台创建、分享和发现视频内容，从而扩大了视频的影响力和传播范围。视频在社交媒体上具有更高的互动性和分享性，可以激发用户的交流和参与。

视频在视觉、听觉上对用户注意力的抓取，本质上就是"杀时间"，不知不觉间，几个小时就过去了。"杀时间"最厉害的新媒体平台一定是抖音。抖音的单瀑布流展示机制没有给用户机会和时间去对比选择与思考，就是一条一条视频挨着看。设计这个游戏规则的公司，可以说是相当懂人性的，而人一旦产生惰性是很难再耐下性子读书的。今天，抖音的月活数据已经达到 9 亿多。换句话说，在这样一个以视频输出为主的平台上，一个月有 9 亿用户在看手机消磨时间。

（3）直播和实时互动

眼下，直播视频已经成了新媒体平台的热门功能。通过直播，人们可以实时观看和参与事件、活动及讨论。直播视频具有即时性和互动性，能够让用户与内容创作者或其他观众进行实时互动，增强参与感和社交体验。

过去，我在地产行业工作期间，我们习惯的营销方式一定是将意向客户引流到展厅进行介绍和留存，汽车4S店也是这样，即营造一个最适合销售的场景，由销售人员在这样的场景下给客户介绍产品、提供服务，乃至达成交易。

新媒体兴起后，对线下交易的冲击也改变了所有销售团队的思路，大家开始关注如何在网络上也能营造类似线下展厅的场景。直播间就是这样一个地方，只不过是把线下交易的人、货、场挪到了新媒体平台上，用户与内容创作者或商家之间可以直接进行交流，这种真实的体验场景就是新媒体时代从内容制作到最终变现的最佳场所。

（4）视频广告的崛起

现在的广告商越来越倾向于在新媒体平台使用视频广告，因为视频广告能够更好地吸引用户的注意，并以生动的方式呈现产品或服务。同时，视频广告还可以通过精准的定向投放和数据分析提供更好的广告效果和回报。

过去的品牌和产品广告都呈现在纸媒、电视机、电影屏幕上，人们的注意力永远是跟着媒介走的。但是，今天媒介的风口在自媒体，人们的注意力自然就转移到了自媒体上。而品牌和内容创作者的思路是跟着用户人群走的，用户人群去哪里，流量和内容变现的场所就在哪里。所以，视频广告会充斥着整个新媒体平台，如网剧、小红书平台的达人创作视频为品牌

"种草"、微信朋友圈广告推送，等等。

例如，我们会看到观夏香水的广告，不仅出现在其自有的官方账号上，还会与网络达人合作，以短视频的形式出现在他们的账号中。

尽管视频在新媒体平台中具有很大的潜力，但并不意味着其他形式的内容将被完全取代。文字、图片和音频等仍然是重要的内容形式，而且在某些情况下还可能更适合传达特定的信息。因此，综合多种形式的内容策略可能是更有效的满足用户多样化需求的方式。

1.4　爆款内容从生产到打爆的全流程

爆款内容是指在互联网上能够引起大量用户关注、分享和传播的内容，具有高度创新性、感染力和影响力，对于提升品牌的知名度、用户黏性和变现能力有着重要作用。那么，什么因素在影响内容成为爆款呢？

1.4.1　爆款的底层逻辑

爆款内容的产生是多方面因素综合作用的结果。以下 6 个底层因素可以帮助内容创作者在新媒体平台上增加产生爆款的概率。

（1）独特而引人注目的创意

爆款内容通常具有独特、新颖和引人注目的创意，它们能够吸引用户注意并产生共鸣。创意可以来自对当前热门话题的巧妙应用、新视角或跨界融合等。

我有一位学员，经营的产品是低氘（dao）水。这种水属于矿泉水中的一种，据说对人体有很好的健康功效。然而，大多数人在日常生活中是很难接触到这种产品的。我第一次听说这种产品时，还以为是一种医药实验用品。面对这样在所有媒体平台都属于冷门的产品，如何才能让用户记住呢？如何为这种产品破局呢？

在给这位学员做产品分析时，我抓住了一个很重要的信息：低氘水类似国外的依云、理肤泉，那么思路一下就打开了。当我们所要创作内容的关键词在新媒体平台完全没有热度，或者这种产品在用户心智中非常陌生时，我们要做的不是教育用户和以微薄的力量做全网科普，而应该是借助高热度的内容和已经被用户心智认知过的内容建立关联。

所以，这位学员的产品，就换个说法叫"中国版依云"，意思就是法国的依云镇有全世界最好的矿泉水之一依云，中国的长白山脚下有媲美依云的中国版依云水。这样一下子就豁然开朗，用户能听懂你想表达什么，关键词"依云"在全网的浏览量和关注度也很高，而我的学员也节省了大量的时间、金钱去改变市场。这个案例可以说是非常极致了，拿来解读爆款内容所需要的创意因素非常合适。

（2）内容与受众的契合度

爆款内容通常与目标受众的兴趣、需求和价值观高度契合。

在创作内容时，了解受众的特点和喜好，并提供他们真正关心和感兴趣的信息，能够增加内容的吸引力和价值。

我的学员"耶鲁恬恬学姐"不仅考上了耶鲁大学，而且成绩也是全系第一，获得全额奖学金。她以自己成功申请名校的经历作为副业开启大学创业之路，做高端留学业务。仅半年时间，她在小红书平台的粉丝量就接近 10 万个，抖音的粉丝量接近 3 万个。虽然比不上那些半年涨粉 100 万个的博主，但精准度、黏性和垂直度都非常高。同时，她提供的是只针对高净值人群的高客单价产品，留学文书单价约 2000 美元，而国内中介公司的文书价格是 900 ~ 1500 美元。

每个人都想做这样的内容，每个人都想获得这样的高变现，核心本质是什么？

不可否认，本身自驱力强，同时人设条件具备先天优势的学员，的确更有希望成为市场"二八定律"中 20% 的佼佼者。但是，为什么我们也可以在不同的新媒体平台上看到那么多专业选手、背书和财富都很强的选手，依旧不能产出好内容，依旧没有流量，依旧无法依托新媒体变现呢？

其中原因就是内容与受众的关联不够紧密。那些在评论区为你的内容摇旗呐喊的粉丝，未必会为你的内容买单；那些为你单条爆款点赞收藏的用户，未必会成为你的粉丝；那些已经因为你的内容而关注你的人，未必会进入你的私域，从而和你之间形成进一步的连接。

我们辛辛苦苦做出来的内容，不是为了讨好所有人，而是为了让喜欢我们的人早点发现我们。所以，我们应按照用户画像做内容，而不是为了获得泛流量做内容。

（3）情感共鸣和情感驱动

爆款内容可能会引起欢乐、悲伤、惊讶、愤怒等情感反应，使用户在情感上产生共鸣，进而更愿意传播，与他人分享。

大家可以到小红书或视频号搜"拉斯维加斯的小洁"，我的这位学员曾靠单条 30 秒的视频在视频号获得超过 600 万次的播放量，在小红书上获得近 4 万人点赞。

在各个平台流量趋于平稳的今天，如果你还问我是否有机会起号就出爆款，我依然要回答你：有。

那么，这样的内容做对了什么呢？那就是情感共鸣。一位嫁给美国蓝领的华人女生到美国后，为了全家人可以生活得更好，到超市做兼职，在中介做文员，还成为当地的金牌置业顾问。说实话，这样的经历并不特殊。但是，我在给她做内容选题时选择了这个经历片段，梳理出来一条女性成长的内容主线：不依附婚姻，每位女孩都该走自己的花路。这一条主线配合丰富的视频素材、带有情绪感染力的文案字幕和煽情的背景音乐，发布后就是流量的狂欢。这条内容中，每一个细节都击中了受众的情绪，引发了共鸣。

（4）引发讨论和互动

爆款内容往往能够激发用户之间的互动、评论和分享，引起社交媒体上的热议和关注。用户的互动和参与可以进一步推动内容的传播和扩散。

我们尝试代入自己的感受，当我们看到一位博主的短视频时，一定是内容激发了我们极大的情绪共鸣，或者他的观点让我们觉得不赞同，感到极大的不适，我们才会有动力去评论区即刻留言互动。

我们可以尝试留意那些除了点赞收藏之外，评论区热度也很高的爆款内容。这些内容的浏览量一定是随便即可破万的，点赞量一定是可以轻易破千的。

（5）平台算法和推荐机制的支持

当内容在新媒体平台上引起一定的关注和互动后，新媒体平台可能会通过推荐算法将其广泛地推送给更多用户，从而进一步促进其曝光和传播。每个新媒体平台都会给内容创作者提供每条内容的详细数据，从浏览量、点赞收藏、完播率到转化率等。其实，这些数值都代表着平台算法对内容优质与否的判断标准。

以抖音为例，抖音的后台数据里有一条叫作 2 秒弹出率，它是指观看到 2 秒时划走的人数占比。如果你的内容播放 2 秒时弹出率越低，说明你的内容开头设计得越好，抓住了用户的注意力。

（6）精准的营销和推广策略

精准的营销和推广策略对于爆款内容的产生至关重要。我们通过选择合适的推广渠道、利用社交媒体的影响力用户，以及采用有吸引力的标题、缩略图等，都可以增加内容的曝光度和点击率。

2023年的国货品牌观夏香水，从生活美学、家居氛围感营造、生活态度的松弛感到私域的社群，无时无刻不在营销其对消费者的态度：我懂你，懂你的生活方式，懂你的生活品位，我就代表着你的生活质感。

观夏的用户画像就是讲究精致和仪式感的生活方式的城市中等收入女性群体。于是，这个品牌选择了自己的用户群体最集中的平台——小红书开始发力。感兴趣的朋友可以在小红书搜索观夏，你会看到品牌选择的带货达人，清一色都是云淡风轻、松弛有度的风格，与品牌要传递的氛围感相当契合。

观夏是抓住了中国文化的精髓来走差异化的，这样可以打消中等收入群体在追求生活仪式感的路上与其钱包不匹配的品位尴尬。我真诚建议所有新媒体品牌人都该好好地研究观夏的案例：成功的"种草"营销一定是狠狠地抓住受众群体，通过内容策划将用户想呈现的视觉和想说的话表达出来（见图1-3）。

需要注意，爆款内容的产生是概率问题，也有一定的偶然性，并非可以完全预测和保证。但是，以上提到的因素和策略完全可以为内容的创作和推广提供一些指导和参考，增加产生爆款内容的可能性。

那么，如何打造爆款内容呢？

（1）竞品分析

分析同行业或同类型的优秀内容，找出其成功和不足之处，借鉴其优点，避免其缺点。

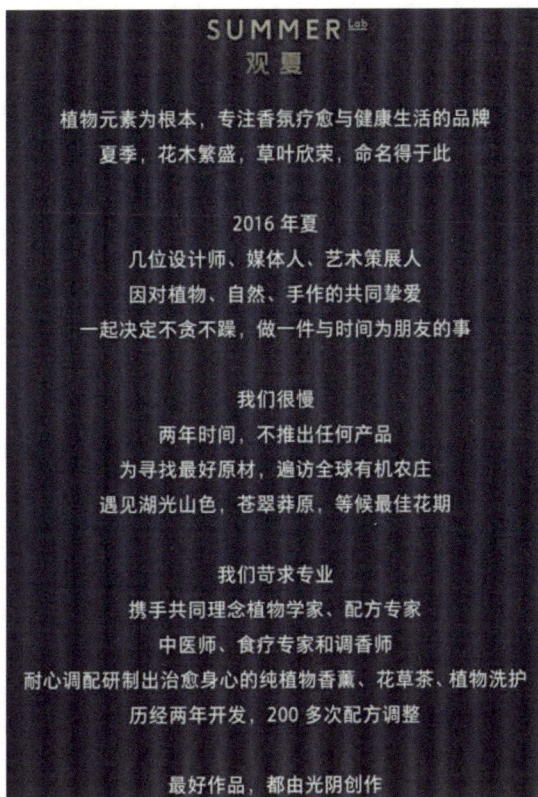

图 1-3 观夏公众号文案

　　还是以"耶鲁恬恬学姐"为例，做留学业务的账号和机构那么多，怎样可以找出她的差异化呢？其实，竞品分析就是一个取舍的决策过程：凡是留学的业务都做，肯定不可能，这样你竞争不过成熟稳定、上了规模的留学机构；讲留学申请避坑，也行不通，因为你做不过那些留学中介的账号，人家从事这个工作多年，比你的阅历要丰富很多。

所以，分析完竞品，首先就是要在产品上做减法，只主攻美国名校申请；其次，在内容上不只做留学干货，还要主打"学霸"人设，分享名校学习生活、"学霸"自律和学习方式，以及"学霸"的职业规划，等等。"耶鲁恬恬学姐"正是这样走自己可以持续输出的差异化路线，在不到半年的时间里迎来了流量的快速爆发和惊人的变现数据。

(2) 热点挖掘

通过关注社会热点事件、网络热搜词、用户评论等，发现用户关心或感兴趣的话题，结合自身产品特色进行创意拓展。

关于热点，我相信大多数朋友都知道，蹭热点的内容成为爆款的概率一定会高一些。但是，蹭热点一定要找到热点和自己所处领域及人设的交集，盲目地生拉硬拽可能依旧不会有流量。

(3) 用户调研

通过问卷、访谈、观察等方式，了解目标用户的需求、喜好、痛点等；从用户的角度出发，提供有价值或有趣的内容。

关于这一点，我需要做补充说明。由于大部分内容创作者做新媒体都是个人在经营账号，并不具备开展问卷、访谈等调研的条件，那么有一个简单的方法，就是观察对标账号和自己账号的内容评论区。因为评论区在很大程度上就代表了受众对你的期待，或者对你这个领域的期待，以及用户的痛点和喜好。其实，你只要尝试把评论区点赞数很多的内容或回复率最高的内容收集整理好，那么你的基础用户调研就完成了，可以开始下一步动作。

1.4.2　内容制作

根据选定的主题和形式进行内容的撰写或制作，我们可以通过以下方法提高内容质量。

（1）数据支持

利用平台的站内搜索功能，以及外部数据分析工具，如灰豚、千瓜等，获取相关关键词的搜索量、趋势等数据，验证选题是否具有市场潜力。

（2）名人背书

通常一条内容要说服别人，向别人回答"为什么是你来给我说这个事情"，最快捷、最有力的说服方式就是将相关领域的专家或关键意见领袖（KOL）放入内容中，为内容提供专业或权威的支撑。例如，我的短视频内容中，一定有相当数量的商业认知类的核心关键词来自我看过的书，或者类似稻盛和夫等名人的语录。

我有一条点赞数过万的爆款笔记，名为"稻盛和夫：一个人变富前是有征兆的"（见图 1-4）。虽然我的人设和背书比较不错，但我直接聊这个话题，在年龄、阅历及所取得的社会成就上的确不具备说服力。然而，在内容制作过程中将稻盛和夫先生的知名语录摘抄出来作为标题和内容的核心就不一样了，我只是扮演了名人语录的搬运工而已。

图 1-4　我的小红书爆款笔记

1.4.3　内容推广

我们要根据产品特点和目标人群选择合适的推广渠道及方式，让更多潜在用户看到内容并点击。具体方法如下。

（1）渠道选择

我们要根据不同渠道的特点和受众特征选择最适合传播自己内容的渠道。例如，微信公众号适用于发布长篇图文类或音频类内容，抖音、快手适用于发布短视频类或直播类内容，知乎、豆瓣适用于发布问答类或评论类内容。

（2）方式设计

根据不同渠道的规则和机制设计最符合平台风格及算法偏好的推广方式。例如，利用标题吸引注意；利用封面图增加点击率；利用话题标签扩大覆盖范围；利用互动功能增加转化率；利用直播带货更好地实现成交和转化，增强用户信任。

以小红书为例。小红书的展示机制是双瀑布流机制，也就是大家在浏览小红书页面时会看到左右两列对比，并且一条视频笔记在你点开封面之前是不会开始播放的。所以，深耕小红书的内容创作者一定要重视封面和标题，这两个板块意味着笔记浏览量数据的多少。

而抖音和视频号是单条视频的展示，这种以娱乐属性为主的短视频平台，本质上是为了靠即刻播放内容让用户停留更长的时间。所以，内容创作者尤其需要注意文字标题及开头 3 秒的视觉和文案呈现，吸引用户注意，让用户留下来。

1.4.4　内容复盘

我们要根据设定的目标及指标对内容的效果进行复盘，找出内容的优势和不足，为后续的内容优化和迭代提供依据。具体地说，我们可以通过以下方法进行内容复盘。

（1）数据检测

数据检测即利用数据分析工具，如平台自带的后台数据、新榜等，获取内容的相关数据，如浏览量、点击量、转化率、留存率、互动率等。

（2）数据分析

数据分析即对收集到的数据进行清洗、整理、归纳和可视化，发现数据背后的规律和趋势。尤其对于有成熟产品的内容创作者来说，数据分析是一个非常重要的筛选线索和指导下一步触达潜在意向用户的重要数据指标。

我们这类专业的新媒体团队每周都要对上周的数据进行复盘分析，而在指导学员期间也会每周组织学员一起对自己上周发布的笔记和通过内容变现的数据进行复盘，在开会之前先按照复盘数据表格整理数据。例如，表格里核心的几个数据标准就是阅读量、赞藏、评论区互动、周笔记更新数据量等。

数据分析是一个将目标计划与实际完成度进行比对和分析的过程，只有经过这个过程，才能找出问题，并且制定目标调整计划。

（3）数据修正

根据数据分析的结果，对比设定的目标和预期，评价内容是否达到了预期效果，哪些方面做得好，哪些方面需要改进。

数据修正的核心，就是要对下一个周期的内容创作目标和执行动作做计划。我们做任何事的基本原则，都一定是从容易完成的事情开始。如果我们设定的目标过高，而我们现阶段的能力还不具备这样的内容创作难度，那么下一个阶段就要即刻调整；否则，我们创作内容很容易进入瓶颈期，想到哪做到哪，到最后看不到效果，就容易半途而废。而数据修正就是让我们根据已完成的事情，对目标进行调整的重要一步。

　　无论对于机构还是个人内容创作者，数据修正都十分重要。很多个人博主往往由于缺乏数据敏感性，导致无论是流量还是变现都进入瓶颈了，才后知后觉地进行处理。而此时属于你的流量很可能已经流向了其他内容创作者，你不仅损失了收益机会，甚至可能已经没有机会进行优化调整了。

　　因此，做内容复盘就是把自己当作公司经营的最后一步，也是通过生产优质内容实现变现的核心方法之一。

02

第 2 章

创作爆款内容的 6 种路径

本章要点预览

✦ 极致的反差是一种在内容中刻意营造对比、引起观众强烈的视觉和心理冲击的方法。

✦ 内容人设＋商业人设＝更多的商业机会、更好的推广效果。

✦ 账号主页是自媒体人展示自己的重要窗口，好的主页可以吸引用户的关注和留存。

✦ 爆款内容需要有 3 个底层逻辑，即切入用户痛点、打破传统框架、具有情感共鸣。

✦ 创作爆款内容不仅要掌握 6 个因素，还需要综合考虑平台特点、用户需求和内容特点，以创造出有价值和有影响力的内容。

2.1 极致的反差

制造反差，甚至极致的反差，是一种非常有效的创作爆款内容的方法。

极致的反差是一种在内容中刻意营造对比，引起观众强烈的视觉和心理冲击的方法。这种反差可以让内容更有张力，更容易引起观众的共鸣和关注。一些自媒体人在抖音、小红书等平台上就成功地运用了极致的反差。例如，在做美食视频时，有些自媒体人通过将普通的食材烹饪成高端的美食，创造出截然不同的效果，引起观众的兴趣和关注。这种反差不仅可以用在美食视频中，也可以用在其他类型的视频中，如旅游、生活、娱乐等。

再比如，抖音博主"王七叶"凭借其有极致反差的人设及视频呈现，目前在全网吸引了近 2000 万粉丝的关注。精致的美女、神经质、夸张的姿态、无厘头的剧情、魔性的舞蹈造就了"王七叶"具有极致反差的人设。这也是她的第一次爆火，起号后 2 个月内就涨了 200 万粉丝。第二次让她爆火的是她创作的"买不起系列"短视频，用反其道而行之的思考方式，把蚊香、风油精、钢丝球这种低廉商品通过高级的光影模式拍出了一种大片的既视感。这个系列仅仅更新了 8 集，播放量就超过了 10 亿次。

如果我们想让自己的视频在众多自媒体视频中脱颖而出，运用极致的反差就是一个很好的选择。那么，我们在做新媒体内容时，要实现极致的反差，可以考虑采用以下几个方面的策略。

（1）对比鲜明的主题

选择有明显差异的主题进行创作，以吸引观众的注意；可以探索不同的领域、主题或观点，并将它们组合在一起，形成有趣的对比。而选择差异性主题的关键在于寻找独特、具有辨识度的议题，以下是几种选题的思路。

- 寻找当前热点话题：关注当前社会、文化或科技领域的热点话题，如人工智能、区块链、环境保护等。但要注意，我们必须通过独特的角度和深入的研究，对这些热点话题提供与众不同的见解和解读。

- 寻找边缘化话题：挖掘那些鲜为人知或受到较少关注的话题，如小众文化、次文化群体、地方特色等。这些话题往往具有独特性，能够吸引特定的受众群体，并为他们提供有价值的内容。

- 进行对立观点对比：选择针对某个议题存在对立观点的话题，通过展示不同的立场和观点引发观众的思考及讨论。例如，展示对待某一时事的正反两面观点，或针对某个问题的争议性立场。

- 进行跨界合作与融合：选择不同领域或行业的结合，创造出独特的主题。例如，将科技与艺术结合、将健康与美食结合、将音乐与时尚结合等，通过跨界合作碰撞出的火花，带来新颖的观点和创意。

- 关注异常现象和奇闻趣事：关注那些罕见或引人入胜的现象，如神秘事件、超自然现象、创世纪迷、人类奇迹等。这类主题能够极大地吸引观众的好奇心，并带来很多截然不同的观点和故事。

此外，在选择主题时，我们还应该考虑目标受众的兴趣和需求。这是因为我们只有充分了解目标受众的兴趣和需求，才能够更准确地把握差异性主题的选择，从而提供吸引人的内容。

（2）利用情感反差

我们可以通过制造情感反差，激发观众的情绪共鸣。例如，我们可以在内容中切换情感状态，从喜剧到悲剧，或者从紧张到轻松，以产生戏剧性的效果。

想运用好这一点的朋友，一定要养成先写脚本框架的习惯，然后按照脚本思路进行拍摄。因为运用这个主题，要求出镜的演员十分放得开，并且能够很快进入拍摄状态。有脚本的引导，会让效率和呈现效果好很多。例如，我的学员"翔子和他的buy 家媳妇"原本是他们当地知名的主持人，跨界做家居博主，他的账号能够在起号后单周增长 3000 多粉丝，不到一个月实现多平台粉丝数量过万，就是在内容制作上利用自己的职业优势创作情感反差极强的内容。

（3）利用视觉反差

视觉反差是指利用颜色、构图、镜头等视觉元素营造鲜明的反差效果。例如，我们可以运用明暗对比、色彩对比或大小对比等手法，突出内容的重点和不同之处，让人产生更深刻的印象。

对这一点运用得炉火纯青的，就是博主"陆仙人"的视频内容。他所有的视频都非常具备反差感，一个农村小伙子在破破烂烂的背景中，把各种不起眼的旧衣服、塑料布、斗笠等顺手能用的工具都拿来作为自己服装造型的工具，最后呈现出超级炫酷的时尚大片。我推荐所有想利用视觉反差涨粉的读者朋友都去围观一下"陆仙人"的抖音账号，他的视频一定会让你越看越上头。

（4）文字与图像的反差

在新媒体内容中，文字和图像往往是相辅相成的。通过在文字和图像之间制造反差，可以提高内容的吸引力。例如，我们可以运用文字的幽默、讽刺或戏剧性元素与图像相结合的方法，制造强烈的反差效果。

抖音上很多娱乐博主可以在短时间内迅速使粉丝数量增长到几十万个，在处理文字和图像的技巧上正是将反差感运用得炉火纯青。

（5）利用声音的反差

我们知道，音效和音乐是新媒体内容中十分常用的元素。因此，我们可以通过运用不同的声音效果、音乐风格或音量对比等手法，营造出截然不同的音频体验，增强内容的吸引力。

对自己的颜值很自信，想成为颜值博主、拍摄氛围感短片的读者朋友可以尝试多研究这个方法。

（6）反转预期

在创作内容时，我们还可以尝试打破观众的预期，给他们带来意想不到的结果。例如，我们可以通过逆转情节、颠覆传统观点或提供出人意料的结局，制造强烈的反差效果。

最后，我们还应谨记，在制造反差时一定要确保反差的运用不会破坏内容的连贯性和吸引力。好的反差可以增强内容的冲击力，使内容易于被记住，但过度的、运用不当的反差则可能会让观众感到混乱或不舒服。因此，我们要在保持内容的整体性和清晰性的同时，巧妙地运用反差元素生产出爆款内容。

2.2　明确内容人设和商业人设

在自媒体平台上，如果想做出爆款内容，非常重要的一点是自媒体人需要明确自己的内容人设和商业人设，以便更好地与观众和商业合作伙伴进行沟通及合作。

2.2.1　内容人设

内容人设是指自媒体人的个人形象和特点，包括风格、语言、表达方式等。而商业人设则是指自媒体人在商业化运营中的形象和定位，包括商业合作的范围、方式、对象等。只有自媒体人的内容人设和商业人设紧密结合，才能更好地获得商业机会和推广效果。

例如，我的学员"索菲亚又富又美"（见图 2-1）一直坚持"40 岁像 30 岁"的人设，做护肤、健身、养生等方面的内容，仅一年时间就增长了 10 万粉丝。同时，她在商业运营方面也保持了一致的风格，与养生、护肤相关的品牌合作，增加了自己的商业价值。这种一致性的人设可以让自媒体人更好地保持自己的特色，获得更多的忠实粉丝和商业机会。

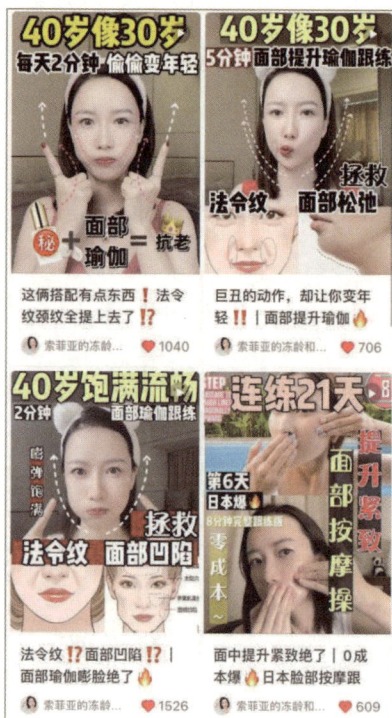

图 2-1　学员"索菲亚又富又美"的小红书页面

但是，我们做内容，是为了变现，是为了让自己的内容越来越值钱。所以在账号的人设设计上，如果只做好了内容人设，那么你大概率会做出流量好的内容，但不一定可以做到预期或高于预期的变现。这个问题就涉及内容创作的商业化。

2.2.2　商业人设

商业人设是我们基于内容人设和对用户画像、用户行为习惯的分析呈现的商业化运营。无论小红书、抖音还是视频号，我见过太多拥有几万粉丝甚至十几万粉丝的博主无法变现，或者变现收入极少。在做这一类咨询案例时，我会先为对方做业务梳理。因为好的流量一定可以变现；如果不能，那么一定是流量的引导方向出了问题。解决流量的问题，首先要调整的就是人设呈现的商业化。

例如，我的商业人设是流量实战派，有十余年大公司的营销策划履历，有自己创业做餐饮和文旅商业街区项目的履历，也有自己做新媒体流量商业博主的履历。可以说，我是一位在职场、创业实体经济和创业新媒体之路上都取得了流量变现成果的人。

在今天的商业社会，任何生意只要用户是消费者，针对的是下沉市场，就必须重视流量。所以，在我的学员里，品牌方、企业创办者、代理商比较多，大家之所以选择为我付费，大部分理由都是因为我懂多个领域的流量运营，并且取得了成果。

另外，我相信不少读者朋友也发现了，同一个人设在不同平台的受欢迎程度是不一样的。有些博主在抖音上很轻松就可以吸引几万粉丝关注，但是在小红书上吸引 100 个粉丝都很困难。

这是因为不同平台的用户画像是不同的，所以对人设的需求也不同。例如，在快手上，用户更喜欢娱乐、幽默的内容人设；在小红书上，用户更注重专业、精致的人设形象；在抖音上，用户更喜欢轻松或极其强势的、具备反差感的内容人设；在视频号上，用户喜好和抖音比较靠近。

总而言之，自媒体人需要根据不同平台的需求，调整自己的人设和内容，以获得更好的推广效果和更多用户的认可。

2.3　掌握 5 大选题法，轻松搞定爆款选题

选题是自媒体人创作内容的重要环节，因为好选题才可以吸引用户的关注并增加曝光率。在自媒体平台上，有以下常用的 5 大选题法能帮助自媒体人轻松搞定爆款选题。

（1）趋势选题法

趋势选题法是指关注当前的社会热点和流行趋势，制作与其相关的内容。例如，在新冠肺炎疫情期间，很多自媒体人都选择关于新冠肺炎疫情的选题，以吸引用户关注。在抖音上，有一位自媒体人通过趋势选题制作了一系列与新冠肺炎疫情相关的内容，包括新冠肺炎疫情期间的生活方式、防疫知识、口罩的正确佩戴方法等，吸引了大量的用户关注和点赞。

（2）情感选题法

情感选题法是指通过情感的表达引起用户的共鸣和关注，如表达爱情、友情、家庭等方面的内容。情感选题是特别容易引起共鸣、出现大爆款内容的。因为在任何时代、任何国家、任何人群中，情感、家庭、友情、亲情都是永恒的话题。

无论抖音、小红书、视频号，如果你觉得自己实在没有什么能坚持的兴趣爱好或特长展示，不妨考虑起号就做情感选题。无论是失败的经验，还是成功的总结，只要是真诚和真实的分享，情感选题总能够引起最广泛的用户共鸣。

（3）个人经历选题法

个人经历选题法是指讲述自己的生活、亲身经历和感受，以吸引用户的关注。例如，在小红书上，有一位自媒体人通过个人经历选题讲述了自己的减肥经历和方法，吸引了众多关注减肥的用户，增加了自己的曝光率和粉丝数。

总之，凡是真实记录成长过程的选题，如果你愿意创作成内容分享出来，一定可以吸引一部分和你有共同经历的人群的流量。

（4）知识技能选题法

知识技能选题法是指通过分享自己的知识和技能的方式，吸引用户关注。这类选题对内容的专业度有一定的要求。因为这类内容属于非常垂直的专业干货，出现的数据、观点、案例都必须经得起反复推敲，以及被用户在评论区提问和评论。

换句话说，如果想做好这类选题并获得流量，账号本身的人设就要具备一定的专业背景。例如，我的学员"功能医学营养师 Leo"，观看账号名字就知道是具备专业背景的。进入他的小红书主页，你会发现他只分享专业科普的干货内容，并且这些干货内容的流量一直都非常好。因为作为阅读者，你知道自己在看具备专业背景和相关资质的专业人士的内容，当作知识来学习，不会觉得枯燥和乏味。

（5）用户需求选题法

用户需求选题法是指根据用户的需求和反馈创作相应的内容。这个选题法特别适用于已经出过爆款内容的账号。例如，我的学员"翔子和他的 buy 家媳妇"做过一条关于辅导孩子写英语作业的家庭生活 Vlog，流量非常好。于是，我们在做完数据复盘后根据这个选题再制作了多条家庭生活类 Vlog，不出意外，每一条 Vlog 的数据表现都很不错。

以上 5 类选题法适用于所有的领域，并且做自媒体的新手用起来也可以轻松上手。但无论采用哪种选题，创作者要做出适合自己人设的内容，都要记住 4 个字：刻意练习。而且，一旦验证了某类选题法能够为自己来带流量后，我们就要运用这种对自己有效的选题法反复实践和摸索，而不是今天用这一种，明天用那一种。

2.4 主页：重构昵称、头像、简介

主页是自媒体人展示自己的重要窗口，一个好的主页可以

吸引用户的关注和留存。而主页由昵称、头像和简介 3 部分构成，自媒体人首先要重构自己的昵称、头像和简介，以符合平台的审美和用户的需求。在重构的过程中需要注意：昵称要简洁易记，头像要精致有特色，简介要精炼明确。

例如，在抖音平台上，有一位自媒体人就是通过重构自己的主页，提升了自己的曝光率和用户留存率。他将自己的昵称改为非常好记的"圆中的猫头鹰"，头像则相应地设计了一个猫头鹰形象，而简介明确描述了自己的定位和特色，这样就吸引了大量的用户关注和留存（见图 2-2）。

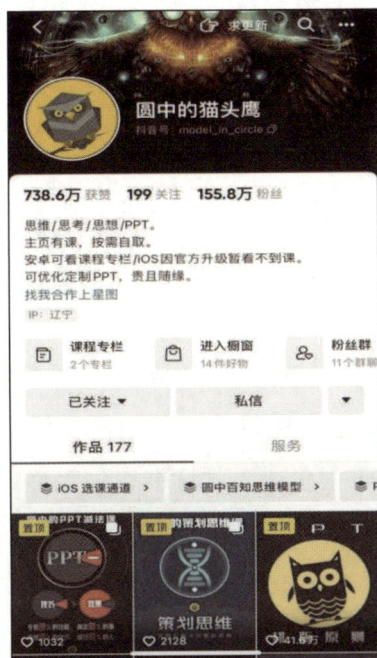

图 2-2 "圆中的猫头鹰"抖音账号页面

2.4.1 昵称

昵称是别人认识我们的第一张名片，其最重要的目的是让用户知道我们是谁、我们能干什么、我们干的事情是否对用户有帮助。总之，就是给用户一个关注我们的理由，让用户更加清晰地认识我们的价值。

爆款昵称的构成有一个万能模式，即"简单且常见的昵称 + 内容细分领域"。

第一类，昵称 + 领域。例如，樊登读书会。

第二类，品牌背书 + 领域。例如，东方甄选、格力董明珠、耶鲁甜甜学姐。

第三类，人设或职业 + 领域。例如，设计师大滢。

另外，还有一些和领域相关的昵称制作方法。例如，知识付费类：盛盛姐聊爆款等；大健康类：功能医学营养师 Leo、重庆雅梦女子塑形等。

对于昵称，还有一点需要特别说明。很多人做自媒体，总想起一个标新立异的昵称。但其实，爆款都是重复的，包括一些昵称格式也是重复的。例如，在任意自媒体平台搜"读书"就会出来很多带着"读书"的昵称。而我们一旦开始做自媒体，就要使自己在全网各个平台的昵称保持一致，这样才便于用户在任意平台搜索我们时都可以发现和触达我们。

2.4.2 头像

头像代表个人形象，我建议选用自己的真实照片，这样能拉近与用户之间的关系和距离，可信度也比较高。我们在选择头像图片时，要和自己的昵称及所处的领域高度贴合。设置这类头像有以下几大好处。

- 让用户有亲切感，且更加真实。
- 好看的头像赏心悦目，能极大地提升个人品牌价值。
- 增加可识别度和信任度。

例如，学员"功能医学营养师 Leo"的头像看起来就很干练，增强了他作为专业营养师给用户视觉上的可信度，也贴合他的账号内容是做科普类型；"王月 vila yue"的头像就必须呈现很干净、整洁、完美的妆容，并且不能是浓妆，这符合她的人设，也和她的产品理念及呈现的内容高度吻合（见图 2-3）。

图 2-3　学员的小红书账号头像

这里要额外说明一点，如果你从事的领域是艺术类，或者你的账号是品牌账号，那么也可以将头像设置为品牌标识或自己的作品。

2.4.3 简介

无论在哪个自媒体平台，简介描述都要尽量简洁和直接，用三五句话就讲清楚自己是做什么的、要分享什么内容。换句话说，就是让用户通过简介可以一目了然地看清楚我们是否有值得被关注的价值。写好个人简介，需要把握好以下 3 个核心。

（1）专业

专业即价值，这一点尤其能够体现我们对于用户的价值是什么。我们要记住一个描述自己专业的黄金模式，即数字描述 + 具体领域或结果 + 适当的表情包，避免单调乏味地喊口号。

（2）特别

两个方向：高级文案 + 共情话术。这适用于有一定影响力和相关特殊经历的人，通过差异化特色显示自己的特别，轻松获得用户关注。

（3）成就

一句话概括一段经历。由一段经历抛给用户疑问，通过内容吸引和浏览关注来拔高人设。这适用于头部博主和一些具有超强经历和超高成就的人，起到标新立异的作用，因而可以帮助其快速体现自身的价值。

例如,我的学员"重庆雅梦女子塑形"用 11 年深耕领域说明自己的专业,用自己也是宝妈且只做女性塑形体现自己的特别,再用 2000 多位学员的成果案例说明自己的成就(见图 2-4)。这 3 个写好简介的核心阐述一出来,用户立刻就能分辨这是一家专业的塑形机构。

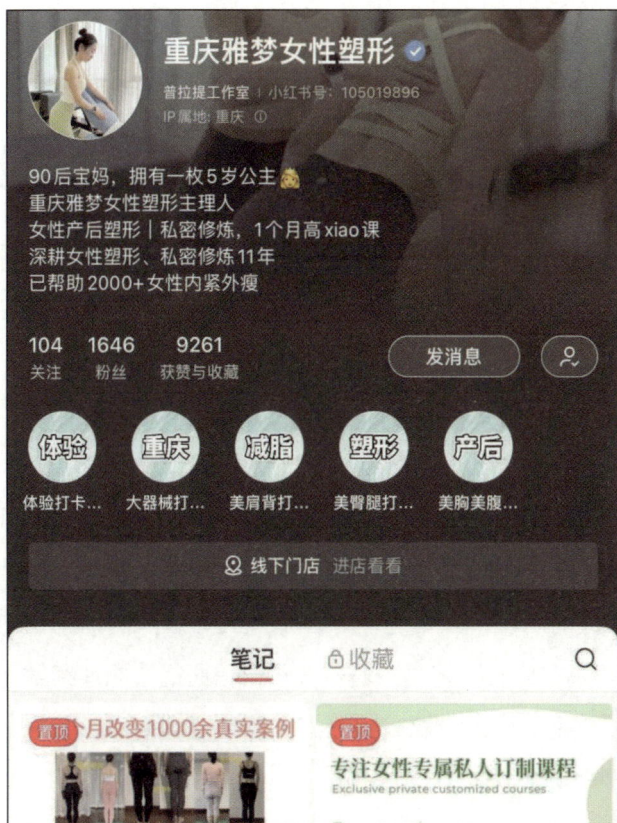

图 2-4 学员"重庆雅梦女子塑形"的小红书

2.5　创作爆款内容的 3 个底层逻辑和 5 个步骤

在做到前述几点后，我们就来到了爆款的核心层面，即内容。创作爆款内容是吸引用户的重要因素，而创作爆款内容需要有 3 个底层逻辑和 5 个步骤。

2.5.1　创作爆款内容的 3 个底层逻辑

我们先思考：谁为我们的内容买单？我们想影响什么群体？比如宝妈群体。再思考：我们的内容要影响的人是否可以做消费决策？比如，还是宝妈。最后反推：我们是否能够在内容制作上与这群人拉平认知？比如，宝妈关心的问题，我们能否用她们可以理解的语言和视觉习惯表达出来。接下来，我们就以宝妈群体为例，说明爆款内容的 3 个底层逻辑。

（1）痛点比痒点流量大

痛点永远比痒点更具备驱使用户关注和付费的动力。例如，宝妈的痛点之一是育儿。如何能够培养出坚强、独立、自信的孩子，是所有宝妈的痛点需求。所以，自媒体平台上凡是关于育儿心得的内容，只要选题好，都是大爆款。例如，我的学员"开开妈妈在成长"将关于培养孩子自信心的选题连续做了两篇笔记，都成了超级大爆款，一篇的点赞数达到 1.2 万次，另一篇的点赞数达到 2.7 万次（见图 2-5）。

图 2-5　学员"开开妈妈在成长"的小红书页面

（2）不要自嗨

所有爆款都是我们的输出和用户需求之间的交集。换句话说，只有我们输出的内容在市场上存在需求，这个内容才具备成为爆款的基础。还是以宝妈群体为例，我见过很多宝妈在创作新媒体内容时经常情不自禁就把自己的账号当作随性的朋友圈来使用，或者 360 度展示自己的小孩有多么可爱、多么优秀。我非常能理解这种心情，每一位妈妈打心眼里都认为自己的孩子是最可爱、最优秀的，都想跟大家分享自己的孩子。但是，我们每一个人都是普通人，用户关注一个普通人的生活流水账是缺乏动力的。包括我们自己作为新媒体平台的用户，都是为了寻找对自己有价值的内容，要么对自己有情绪价值，要么对自己有干货价值，唯独不会关心一个普通人的流水账内容。

所以，要想做出爆款，我们就一定不能自嗨，一定要从用户的角度，为用户说话，为用户解惑。

还是以我的学员"开开妈妈在成长"为例。她早期的笔记里特别喜欢搬用朋友圈素材，直接发布到新媒体账号上，要么展示自己儿子的颜值，要么展示儿子和老公，流量都特别不好。无论在小红书、抖音，还是视频号，展示颜值的博主太多了，每一位流量大的颜值博主都有自己的特色，所以好看并不是特色和差异化。这也是她过去的内容始终不火的原因之一。调整了内容表达方式后，虽然封面还是她孩子可爱的照片，但内容已经具备了干货价值和情绪价值，流量翻了好几倍。

（3）爆款是重复的

关于这一点，我直接用案例来阐述。打开小红书或抖音，搜索"护肤成分"这个关键词，你会发现有大量的笔记都在生产类似的干货内容。虽然大家的视觉画面、排版、案例有出入，但是关于护肤成分的知识点框架和提到的名词几乎是相同的。

所以，做内容，怎样可以做出爆款呢？你只有见过爆款，拆解过爆款，才能做出爆款内容。尝试给自己制定一个拆解爆款内容的工作计划，拆解 50 ~ 100 篇爆款，你就可以摸清爆款内容的框架；拆解 200 篇爆款，你会发现自己能够熟练地构建爆款框架；拆解 500 ~ 1000 篇爆款，你会发现自己做出爆款内容的概率不会低于 90%。

其实，这个逻辑和我们高考的"题海战术"一样，只有做了足够多的爆款选题案例，你才能做出爆款内容。

2.5.2　创作爆款内容的 5 个步骤

上一节给了我们一个启发：既然爆款是重复的，那么创作爆款内容一定有什么标准化动作吧？

没错！创作爆款内容有 5 个步骤，按照这 5 个标准化步骤操作，你不仅不会觉得创作自媒体内容难，甚至不会觉得创作爆款内容难。熟练地按照接下来我要分享的这套流程创作内容，时间利用率会非常高。

（1）建立爆款选题库

每一位自媒体人都应该有自己的爆款选题库。只有具备这个工具，你才能保障自己有源源不断的内容创作灵感，并且提高内容出爆款的概率。

我们团队有自己的爆款选题库模板。我在给学员做交付的过程中也会把这套模板分享给每一位学员，以便于大家了解自己所在的领域在以周或月为单位的数据统计中都出现了哪些爆款选题。以下是我的爆款选题库模板（见表 2-1）。

表 2-1　爆款选题库模板

赛道	标题	开头	正文框架	结尾	亮点关键词	作者	赞藏	高赞评论

　　看完表格你会发现，如果从左到右把每一列内容都填写完，其实就完成了一个爆款选题的简单拆解。

　　最后，除了搜索，还有哪里可以获取爆款选题呢？我们在新榜、蝉妈妈等数据平台都可以找到自己所在领域对应的爆款选题，也可以在知乎、微博查看热搜话题。

　　（2）梳理脚本框架

　　表 2-1 中有 4 列是非常重要的，即开头、正文框架、结尾和亮点关键词。为什么我们要拆解爆款内容的开头、正文框架、结尾，以及亮点关键词呢？因为爆款内容能够吸引人观看的第一点就是有一个好的开头，所以我们一定要拆解爆款内容的开头是怎么写的。

　　正文框架决定了用户在观看这篇内容时是否有继续阅读的耐心，或者有点赞收藏的动力。所以，要想留住用户，延长用户观看的时间，就需要梳理爆款内容的正文框架。而且，我们要学习爆款内容的正文框架，再结合自己的人设创作适合自己的正文框架。

结尾是给用户一个关注创作者的提示。很多用户看短视频或图文笔记，会因为看的内容对自己有价值而点赞收藏。但是，关注的动力往往来自对这个账号是否有未来的期待。所以，我们一定要拆解爆款内容的结尾，学习爆款内容是如何在结尾提醒用户关注创作者的账号或参与互动的。

亮点关键词则是对爆款内容的总结。我们做好选题后，拆解和整理爆款选题过程中一定要总结这类选题使用户感兴趣的关键词是哪些，并把这些关键词灵活地设置在自己的标题和脚本内容中，从而增加自媒体平台曝光内容的概率。

（3）梳理视觉素材

视觉素材包含图片素材和短视频素材。其中，短视频素材分为口播素材和场景短视频素材。

其实，视觉素材是对脚本框架的视觉表达，我们每一个账号内容都要找到属于自己的视觉表达形式。而且，一旦哪篇内容成为爆款后，我们就要反复用这篇内容的视觉表达形式。

此外，我们在平时要多收集和整理符合自己人设的视觉素材，这样在创作内容时才能够晒案例、晒图，增强内容的真实感和可信度。例如，我的学员"杰西卡的显化力量"有一条爆款短视频，其中提到自己考雅思获得高分时就会晒成绩单，以佐证自己人设的真实性（见图 2-6）。

（4）梳理剪辑框架

很多自媒体人在制作短视频内容时没有规律性，所以会面临两个问题，一个是流量数据不稳定，另一个是时间效率很低。

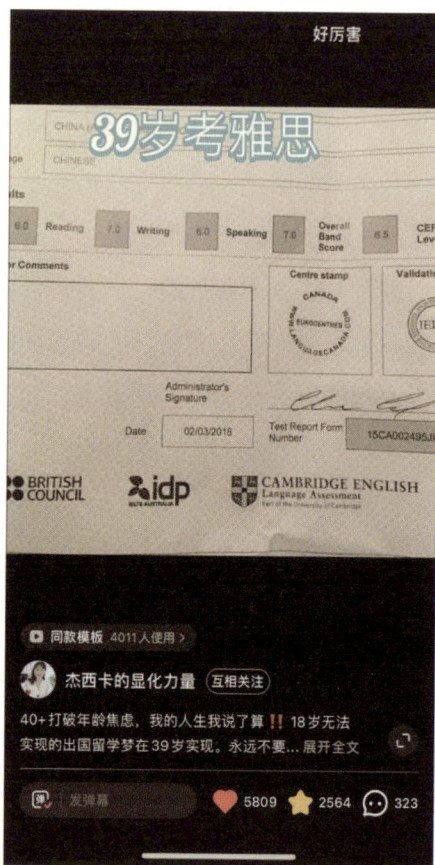

图 2-6　学员"杰西卡的显化力量"的小红书

而出现这些问题的原因大部分都是没有梳理自己的剪辑框架。

爆款是重复的，剪辑框架也是一样。还是以前文提到的学员"杰西卡的显化力量"的爆款短视频为例，她的这条爆款短视频是采用 Vlog 的形式，以字幕 + 配乐 + 素材剪辑而成。这种形式带来的流量远高于她过去采取的口播形式带来的流量。

所以，此后她在做内容更新时更多会采取 Vlog 的形式，搭配字幕、配乐，配合脚本露出足够多的素材即可，创作效率相当高。

（5）发布技巧

无论是国内的自媒体平台，还是国外的自媒体平台，发布内容作品都有以下几个小技巧。

▶ 发布时间

我们要梳理自己的用户大概在什么时间会看短视频或上自媒体平台，就要在这几个时间段反复发布内容进行测试，直到总结出流量比较好的时间段，就保持在这几个时间段更新即可。

▶ 发布标签

我们在发布内容时都会加一些话题标签，这样做就是为了获得平台系统的精准推流。

总之，这些步骤保证了内容的质量和效率，提升了内容的曝光率和用户黏性。

2.6　好标题使流量轻松翻倍

每个爆款内容都一定有好标题，因为好标题可以直接吸引用户的关注和点击，是自媒体人制作内容的重要因素。好标题需要具备 3 个要素，即产生情感共鸣、有趣好玩、独具特色。同时，自媒体人还需要根据不同平台和内容的特点制定不同的标题，以最大限度地提高内容的点击率和流量。

例如，博主"房琪 kiki"的大部分旅游 Vlog 的作品标题，像"每朵花都有盛开的顺序，别着急，你会拥有恒久的花期""出发吧，不要问路在哪"等，就都很容易让人产生情感共鸣，能够瞬间抓住用户的心，因此产生了很好的效果。

另外，好标题还需要考虑不同平台的特点和用户的需求。例如，在快手平台上，用户大多喜欢轻松、有趣的内容，因此好标题就需要具有比较轻松、有趣的特点。"这只猫咪为了偷鱼，居然做出了这样的事情"这类标题就比较容易吸引该平台用户的点击和关注。

要让标题具备以上 3 个要素，有以下 7 个万能的爆款标题模式可以套用。

▶ 用数字直观体现价值

例如，"每天 5 分钟练出筷子腿""月薪 5000 元，如何 5 年攒出 100 万元"。而且，标题中要加入一定的表情包。

▶ 可复制的干货

例如，"答应我，来重庆一定别错过这些很出片的打卡点""藤校学霸的时间管理法，无痛逆袭自律"。

▶ 优惠反差

例如，"某宝 2000 元的光影灯，50 元不到给你做一个""一天 70 元，我在柳州街头吃了 10 顿"。

▶ 冲突感反差

例如，"顿顿吃肉，一个月我瘦了 20 斤""窗外寒风呼啸，关我室内汗流浃背什么事"。

▶ **好奇悬念**

例如，"如果不想越来越丑，赶紧戒掉这 5 个习惯"。

▶ **数据对比反差**

例如，"同一个脚本换个人来演，数据翻了 10 倍""这套备考方法，让我 3 个月突击雅思高分通过"。

▶ **特定群体**

人群："留学党必藏，出国 10 带 10 不带"。

地域："北京中等收入群体，何去何从？"

产品："干性皮肤护肤精油测评合集，没刷到这篇真的太可惜了"。

根据 7 种标题模式，我们要多看、多分析爆款内容的标题，并且要学会思考：哪几点吸引用户点赞收藏？同时，总结爆款的共性并记录下来，然后模仿。因为我们只有见过爆款标题，才能取出好标题来赋能自己的内容。

综上所述，自媒体人如果想要在自媒体平台上做出爆款内容，需要把握本章讲述的 6 个重要因素，并将这些因素与各平台特点、用户需求和内容特点进行综合考虑与有机结合，才能创作出有价值和有影响力的内容。

03

第 3 章

短视频内容

本章要点预览

✦ 短视频一定要有结构和框架。短视频常用的 5 种结构包括问答、引用、故事、对比、单一主题。

✦ 短视频的脚本是关键，因为它决定了视频的质量和效果。

✦ 爆款标题可采用以下几种模式，以增加视频点击率：爆料式、疑问式、列表式、教程式、反转式。

✦ 视觉、文字和声音是在视频前 3 秒内吸引观众注意的关键元素。

✦ 短视频的结尾是创作者引导观众进行互动的最后机会，在结尾通过引导用户互动，以增加账号的权重。

✦ 剪辑是制作短视频的一个重要环节，好的剪辑方式可以为内容锦上添花。

✦ 加入创作者成长，让你的短视频更有影响力并得到更多的关注。

3.1　5 种万能短视频结构和 1 个黄金框架

为了让短视频更有吸引力和逻辑性，创作者可以使用以下 5 种结构。

（1）问答结构：开始提出一个问题，然后给出答案

问答结构的优点在于通过提出问题和给出答案，可以有效吸引观众的注意力，并让他们更好地理解创作者的主题；而创作者提供的解答既会帮助他们更好地理解问题或主题，也可以精准地推送到有这样困惑的用户面前，使其点赞收藏，甚至关注。

例如，在母婴领域的短视频中，很多博主都会用到这个结构：先提出问题"1 岁以后喝什么奶好""奶粉怎么选"，然后通过科学研究、个人经验或专家建议给出答案，为有这方面需求的用户提供实用价值。

（2）引用结构：引用名人名言、故事或其他材料引导观众

引用结构的优点在于引用名人名言不仅是吸引观众注意力的好方法，而且可以让他们在短时间内更好地理解创作者的主题。此外，名人名言还可以极大地增强视频的可信度。

例如，在关于成功的短视频中，创作者可以引用著名成功人士的名言。我在自己的笔记中就引用过"经营之圣"稻盛和夫先生的话："一个人在变富前是有征兆的"；之后，我又对这些名言背后的含义，以及它们与我的主题的联系进行了解释。

（3）故事结构：使用情节或故事展示主题

故事结构的优点在于通过一个情节或故事，创作者可以让有类似经历的观众实现情感共鸣，让用户更好地理解自己的主题。而且，一个好的故事也可以让创作者的主题更加生动有趣。

例如，在关于爱情的短视频中，创作者可以通过一个情感故事展示自己的主题，如一个浪漫轶事或身边真实的故事，说明爱情的真谛。抖音上有许多情感类"大V"博主就是采用情感短剧的呈现形式，如博主"三金七七"。

（4）对比结构：将两个或多个概念进行比较，展示它们的不同之处

对比结构的优点在于适合范围比较广且短视频呈现形式一目了然，在引起用户强烈好奇心的同时还提供了良好的观感体验。

这一类型非常适合好物分享和测评类的视频。例如，对同一品牌的各种产品进行对比，或者对不同品牌的同类型产品进行比较，进而通过自身感受或专家测评给用户提出最真实的建议。

（5）单一主题结构：选择一个主题，展开主题的各个方面

单一主题结构的好处在于通过选择和挖掘一个主题，创作者可以更深入地探讨它的各个方面，让观众更好地理解自己的主题。而且，创作者专注于一个主题，还可以让自己的视频更加专业和有深度。

例如，在创作关于摄影的短视频时，创作者可以选择一个特定的摄影技巧或主题，如上镜技巧或如何拍 Vlog，详细地进行展开，剖析这个主题的各个方面。

除了以上 5 种万能的短视频结构，还有 1 个黄金框架可以帮助创作者更好地创作短视频。

- 介绍：引入主题或问题。
- 展示：通过多种方式展示主题或问题。
- 总结：概括主题或问题，留下深刻的印象。

假设我们的主题是健康饮食，按照这个框架组织一个短视频，范例如下。

▶ 介绍

饮食对我们的健康非常重要，但是现代社会的快餐和加工食品往往不健康。因此，今天我们要探讨如何通过健康饮食改善自己的健康。

▶ 展示

- 问答结构：提出问题"什么是健康饮食"，然后给出答案，包括每餐需要摄入的蔬果、蛋白质和碳水化合

物的比例等。

- 对比结构：将健康饮食和不健康饮食进行对比，展示它们的不同之处。

- 引用结构：引用医生或健康专家的建议和推荐，强调健康饮食的重要性。

- 故事结构：分享真实的案例，讲述某个人通过改变饮食习惯获得了健康的身体和更好的生活质量。

▶ 总结

通过健康饮食，我们可以获得更健康的身体、更好的心情和更长寿的生命。如果我们能够坚持健康饮食，那么我们将拥有更充实的生活。

这个框架可以帮助创作者更好地组织自己的短视频，使其更有逻辑性和吸引力。引入问题或主题可以吸引观众的注意力，展示多种方式可以使视频更加生动，总结可以加深观众对主题的理解和印象。

3.2 创作短视频脚本的4个技巧

在短视频创作中，脚本是非常关键的要素，因为它决定了短视频的质量和效果。以下几个技巧可以帮助创作者快速写出更好的短视频脚本。

（1）使用准确、形象的比喻

使用准确、形象的比喻描述主题或问题，可以让观众更容易理解。例如，要解释什么是人工智能，创作者可以使用比喻，将其描述为"一种能够像人类一样思考和做事情的机器"。

（2）使用短句

使用简短精悍的语句强调观点，可以让观众更容易记住。例如，想强调人们需要更多的运动，创作者可以说："活动不只是健康的选择，它还是你身体的必需品。"

（3）使用金句

用生动、精辟的话语概括主题或问题。例如，要表达"时间就是金钱"这个观点，创作者可以使用金句："时间是你最宝贵的财产，明智地使用它。"

（4）使用有说服力的数据

使用数据支持观点，增强说服力，强化用户感受。例如，要想说明人类对环境的破坏，创作者可以提供相关的数据，如"每年全球约有 800 万吨塑料被倾倒在海洋中"。

3.3　5 招取出高点击率的短视频标题

标题是短视频给观众的第一印象，也是让观众点击观看的关键。因此，标题的水平将直接影响短视频的关注度和点击量。以下标题写作技巧可以帮助你的短视频取得高点击率。

（1）爆料式标题：使用"揭秘""爆料"等词语引起观众的好奇心。

- 揭秘某公司内部员工待遇，原来这才是真相！

- 爆料某热门事件，你知道的只有一半！

（2）疑问式标题：使用问句引发观众的思考和好奇心。

- 为什么你的短视频总是没有人看？

- 如何让你的短视频火起来？

（3）列表式标题：使用数字列举你的观点或内容。

- 10个让别人对你的短视频上瘾的技巧。

- 5个步骤教你做出让人惊叹的短视频！

（4）教程式标题：使用"如何""教你"等词语吸引观众。

- 如何利用抖音短视频获得更多关注？

- 教你如何用10秒拍出震撼的短视频？

（5）反转式标题：使用意想不到的内容或观点吸引观众。

- 不是短视频让我有了粉丝，而是我的粉丝让我拍了短视频！

- 为什么短视频不一定要追求数量，而是追求质量？

3.4 10种模板和3种元素造就黄金3秒

在短视频中，前3秒至关重要，其决定了观众是否会继续观看短视频。接下来讲述10种在前3秒吸引观众注意的模板。

（1）情境模板

情境模板是一种通过场景和氛围吸引观众的模板。成功的情境模板需要在前 3 秒准确地传达场景和氛围，让观众能够感受到创作者所要表达的情感和想法。

例如，博主"花江夏树"曾在他的短视频中运用情境模板吸引观众。在他的一段名为"星空下的烟火"的视频中，前 3 秒是一张黑色背景，然后出现了一颗星星，紧接着又出现了第二颗星星。随后，一个男孩手持一盏灯笼出现在镜头中，背景是闪烁的星星和暗淡的树林。这个场景让人们仿佛置身于安静的夜晚，在黑暗中寻找光明和希望。通过这个情境模板，"花江夏树"成功地营造了一个梦幻般的场景，吸引了观众的注意力，让他们愿意继续观看视频。

我们通过这个案例可以看出，情境模板需要精确地呈现场景和氛围，让观众能够体验到创作者的情感和想法，从而吸引他们的注意力。在短视频中，通过情境模板打开故事的大门，还能让观众更好地沉浸在故事中。

（2）问题模板

在短视频中，问题模板是一种很常见的方式，能够迅速引起观众的好奇心，从而吸引他们继续观看视频。

抖音上的训犬博主"李凯训犬"在他的很多短视频中都使用了问题模板引起观众的兴趣。例如，他有一个视频的开场白："为什么你的狗，下了好几遍口令，它才听？"在视频的前 3 秒，他又再次强调："或者压根就不听，这期视频告诉你们！"

这个问题非常具有针对性，引起了观众的好奇心。在接下来的视频中，他展示了一些技巧和方法，帮助观众训练他们的狗。

这个案例表明，问题模板能够很好地引起观众的兴趣，并且是传递信息的有效方式。需要注意的是，如果你想在短视频中使用问题模板，你需要确保自己的问题具有足够的吸引力和挑战性，这样才能真正引起观众的好奇心，让他们想继续观看你的视频。同时，在回答问题的过程中，你需要提供有价值的信息，这样才能保持观众的兴趣。

（3）快速展示模板

快速展示模板是一种快速地展示你的主题或问题吸引观众的模板，这种模板适用于那些需要迅速吸引观众注意的视频。

Wong Fu Productions 是一家以独立制作为主的视频制作公司，成立于 2003 年，总部位于美国加利福尼亚州洛杉矶。他们的视频类型多样，包括短片、剧集和音乐视频等。在快速展示模板方面，他们拥有很多经典案例。

其中一个经典的案例是他们制作的名为"The Last"的短视频，时长仅 1 分 32 秒。视频一开始，画面是黑的，然后出现白色的字幕："如果你只有 60 秒，你最想做什么？"接着，屏幕上出现了一个计时器，开始倒计时，时间只有 60 秒。在这短暂的时间内，视频快速展示了一些人类的绝妙瞬间，如一对恋人的拥抱、一个孩子学走路、一个人的生日惊喜等。最后，计时器归零，屏幕上显示了一条信息："时间有限，珍惜每一刻。"

这个视频通过快速展示人类的一些绝妙瞬间吸引观众的注

意力，并提出了一个有意义的问题，引导观众思考生命中最重要的事情。这个视频在发布后迅速走红，吸引了数百万观众观看，并在社交媒体上被广泛分享。

这个案例说明了快速展示模板的重要性，通过迅速地展示你的主题或问题吸引观众，让他们更愿意留下来观看你的视频。

（4）播报模板

播报模板是一种简洁明了的方式，可以在前 3 秒内快速介绍你的主题或问题。这种方式很适合需要迅速吸引观众注意的内容，如新闻报道或解释性视频。

视频号上著名的知识分享账号"超级商业认知"经常在自己的短视频中使用播报模板，分享如特斯拉汽车创始人马斯克、Facebook 创始人扎克伯格等全球知名企业家的创业故事和商业思维。在该账号的视频中，前 3 秒通常会出现一个简短的介绍，用于引起观众的兴趣。例如，在一个名为"特斯拉终极目标是自动驾驶打车平台"的视频中，第一句就是马斯克的话："我们相信通过软件升级能够实现汽车的完全自动驾驶。"

这个简短的介绍非常直接明了，让观众在短时间内了解到视频的主题，并引起他们的好奇心。通过使用播报模板，"超级商业认知"这个账号成功地吸引了观众的注意力，让他们想要继续观看视频以了解更多相关信息。

（5）引言模板

引言模板可以使用名言、格言、谚语等吸引观众，引导他们进入主题。

再以"超级商业认知"账号为例,这个账号会为了阐述某个观点直接将名人语录剪辑在视频的开头。例如,名为"不要持续优化本不该存在的需求"的短视频里,开篇就是马斯克的名言:"删除东西总比优化它们要好。"一句话就将用户的注意力锁定在这条视频上,所以这条视频成了大爆款,点赞量破万。

这种引言模板的好处在于,名人名言往往已经被广泛接受和认可,观众很容易就能接受主题。此外,使用简短而有力的语言,可以让观众很快地理解主题和目的,提高观众的参与度和留存率。

(6)情感模板

情感模板是一种让观众产生情感共鸣的方式,这种共鸣可以让他们更容易被吸引并继续观看视频。

Papi酱是一位网络达人,她以讽刺式的幽默在社交媒体上传播各种话题。她的视频通常以一个非常简单的问题或场景开始,然后通过她的幽默方式和幽默的配乐展示一些搞笑的片段。

在一个视频中,她以"猪年到了,你还在用旧钱包吗"作为开头,展示了一个十分破旧的钱包,并做出了一系列搞笑的动作。例如,将钱包放到脸上模仿猪鼻子等。整个视频非常短,只有十多秒,但她通过幽默的表现方式成功吸引了观众的注意力,让他们继续观看视频。

这个视频的成功之处在于,Papi酱在前3秒就展示了一个简单而搞笑的场景,引起了观众的兴趣和好奇心。她还使用了恰当的音乐和表情增强情感共鸣，让观众在短时间内产生了情感上的连接。

（7）背景模板

背景模板是指用特别的背景吸引观众，如风景、动物等。

在健身视频中，可以使用背景模板展示健身房的场景，如展示跑步机、哑铃等健身器材。这种背景可以让观众感受到运动的氛围和热情，吸引他们进一步观看你的健身教程。另外，如果你在户外进行健身，可以选择展示美丽的自然风光，如山景、海边等，也能很好地吸引观众的注意力。

（8）互动模板

互动模板是指在前 3 秒就让观众参与其中，增加观众的兴趣和体验感。

视频开始的前 3 秒可以在屏幕上显示一个投票或选择题，要求观众在几秒内选择一个选项。这样可以让观众在视频开始时就参与进来，增加他们的兴趣和参与度。例如，烹饪视频可以在前 3 秒展示一个选择题，问观众更喜欢哪种食材，然后在视频中展示如何用这种食材做出美食，这样可以让观众更加投入视频中，提高他们的观看体验。

（9）紧张模板

紧张模板是指使用悬疑、紧张等手段吸引观众。

前 3 秒黑屏，接下来是剧烈摇晃的画面、急促的呼吸声和心跳声、快速闪现的不明身影，直到一个骇人的脸部特写和尖叫声结束。

这个模板使用了紧张的音效和图像吸引观众，将他们带入一个紧张的情境中，并引起他们的好奇心，想知道接下来会发生什么。

（10）音乐模板

音乐模板可以通过使用特别的音乐吸引观众的注意力，这种模板常用于表现一种情感或营造一种氛围。例如，如果你正在制作一部恐怖片的预告片，你可以使用令人毛骨悚然的音乐表现紧张和恐怖；如果你正在制作一部浪漫电影的预告片，你可以使用柔和、浪漫的音乐表达爱情和温馨。

当在前 3 秒内要吸引观众的注意力时，除了上述模板，以下 3 种元素也非常重要。

（1）视觉元素：使用鲜明的颜色和动态效果吸引观众

在短视频中，视觉元素非常重要，使用鲜明的颜色、动态效果和视觉特效可以吸引观众的注意力。例如，在短视频中，明亮的颜色、突出的图像或动态的背景可以立刻引起观众的关注。因此，在创作短视频时，应该充分利用视觉元素增强视频的吸引力。

（2）文字元素：使用简短、有力的文字强调主题或问题

在短视频中，文字元素可以用来传达关键信息。使用简短有力的文字可以让观众在前 3 秒内快速地了解主题或问题。例如，在短视频中使用精心设计的字幕、特殊的字体和动态的文本效果等都可以增强视频的吸引力。

（3）声音元素：使用音效或音乐吸引观众

在短视频中，声音元素也是非常重要的。使用音效或音乐可以营造视频的情感和氛围，让观众更加投入。例如，在悬疑短视频中，紧张的音乐可以增强观众的紧张感，让他们更想观看下去。因此，在创建短视频时，不要忘了使用音效和音乐增强视频的吸引力。

综上所述，视觉、文字和声音都是在前 3 秒吸引观众注意的关键元素，恰当地运用这些元素，可以让短视频在前 3 秒引起观众的兴趣，从而吸引他们观看下去。

3.5　结尾：引导互动

短视频的结尾也非常重要，因为这是创作者引导观众进行互动的最后机会。引导观众互动的方式有以下几种。

（1）询问观众的想法

创作者可以在结尾提出问题，引导观众在评论区留言表达自己的想法。例如，如果主题是旅游，创作者可以问观众：你最喜欢的旅游目的地是哪里？这种方式可以促进与观众的互动，让他们更积极地参与；创作者也可以了解观众的喜好和想法，为自己的下一步内容创作提供帮助。

（2）邀请观众分享

在视频结尾，创作者可以邀请观众分享自己的视频，并在社交媒体上标记自己。例如，创作者可以说："如果你喜欢这个视频，请分享给你的朋友，或者在社交媒体上标记我们，让更多人了解我们。"这种方式可以扩大视频的受众范围，让更多人看到，并提高创作者的知名度。

（3）提供更多内容

在视频结尾提供更多内容的链接，引导观众前往创作者的网站或其他社交媒体平台了解更多内容。例如，创作者可以说："如果你想了解更多关于这个主题的内容，请访问我们的网站 / 关注我们的社交媒体账号。"这种方式可以为创作者的网站或社交媒体平台带来流量，同时也可以让观众更深入地了解创作者创作的主题和内容。

（4）提供奖励

在视频结尾提供奖品或其他优惠，激励观众参与互动。例如，创作者可以说："如果你在评论区分享你的看法，我们将从中抽选一位幸运观众送出一个精美礼品。"这种方式可以提升观众参与互动的积极性，同时也可以增加他们与创作者的互动时间和深度。

3.6　1 小时轻松搞定剪辑

剪辑决定了短视频最终的呈现方式，因此是制作短视频的一个重要环节。下面通过一个案例说明制作短视频时的剪辑过程（见图 3-1）。

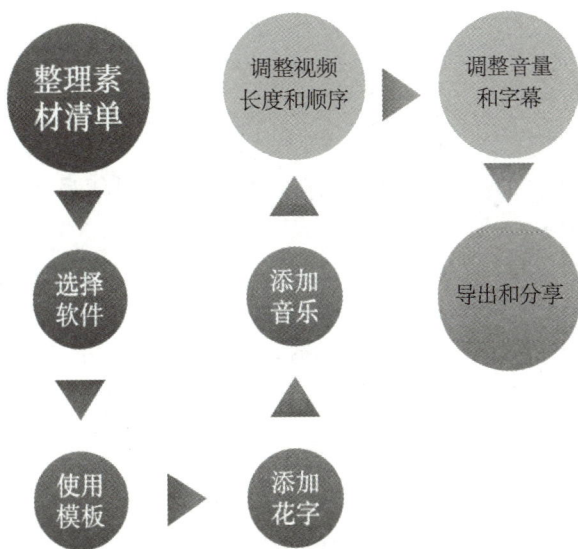

图 3-1　制作短视频的剪辑过程

假设制作一段关于旅行的短视频，以下是可能需要的剪辑步骤。

（1）整理素材清单

在制作短视频之前，先列出需要的素材，如旅行照片、音效等，将它们整理成清单，以便更好地组织和管理。

（2）选择软件

创作者根据自己的技能水平和需求选择适合自己的剪辑软件，如 iMovie 或 Adobe Premiere 等。

（3）使用模板

如果创作者没有足够的时间或技能制作自己的短视频，就可以使用一些现成的模板快速制作。这些模板提供了一些视觉效果、动画和字幕，可用于制作短视频。

（4）添加花字

在视频中适当添加花字，可以强调重点和增加趣味性。例如，可以添加一些旅游地点的名称或描述，以便观众更好地理解视频内容。

（5）添加音乐

适当添加背景音乐，可以增强视频的氛围和吸引力。例如，可以选择一些轻松的旋律反映旅行的愉悦和轻松感。

（6）调整视频长度和顺序

根据需要表达的内容，调整视频的长度和顺序。创作者可以通过缩短视频长度、删除不必要的素材或重新排列视频顺序来实现这一点。

（7）调整音量和字幕

适当调整音量和字幕，可以增强视频的可视性和可听性。例如，可以增加一些音效，提高视频的紧张感和效果；或者添加一些字幕，强调重点和帮助观众更好地理解内容。

（8）导出和分享

完成剪辑后，将视频导出并分享到想要传播的平台上，如小红书、抖音等。在分享时，创作者可以添加一些描述、标签和关键字，以便更好地让观众找到和了解自己的视频。

熟能生巧，剪辑也是如此，按照以上步骤多加实践和练习，你的短视频一定会越剪越好。

3.7 运营：加入创作者成长

如果你想让自己的短视频更有影响力并得到更多的关注，就必须努力做好运营。而加入创作者成长是运营最主要的路径，以下是一些可以加入创作者成长的具体方法。

(1) 与其他创作者互动

与其他创作者交流、合作，可以为你的创作带来更多的曝光和机会。你可以通过社交媒体、线下活动等方式与其他创作者建立联系，进行交流和合作。

(2) 使用社交媒体

使用社交媒体宣传你的短视频，并与观众互动。通过发布短视频预告、幕后花絮等内容，吸引观众关注你的短视频。同时，及时回复观众的评论、私信等，可以增强观众的黏性。

(3) 定期发布

定期发布短视频可以让观众保持关注，并让创作更有连续性。你可以制定一个发布计划，根据自己的时间和资源情况定期发布短视频。

(4) 分享成功经验

分享你的成功经验和故事，可以为其他创作者提供启发和鼓励，同时也可以建立你的品牌形象。你可以通过博客等社交媒体分享自己的经验，帮助其他创作者解决问题。

(5) 参加活动

参加一些与你的主题或问题相关的活动，可以为你带来更多的曝光和机会。你可以关注一些行业活动和比赛，积极参与其中，展示自己的创作才华。

总之，制作短视频需要一定的技巧和创造力，但也可以通过不断地实践提高自己的水平和影响力。同时，加入创作者成长需要长期坚持和不断学习，只有保持创作热情，不断挑战自己的创作能力，才能创作出越来越好的短视频。

04

第 4 章

图文内容

本章要点预览

✦ 时事资讯类选题与政治、民生密切相关，不论是在哪个平台，关注度都非常高。

✦ 时尚生活类选题的门槛最低，人人都可以在此选题上输出。创作者提供实用价值或情绪价值。

✦ 情感类选题永远不会过时，也是最容易引起情绪共鸣的一类。因为这类选题总能轻易戳中用户的痛点，触及他们内心最柔软的地方。

✦ 文章可套用"问句、金句、热点、留言、冲突"5种开头，以增强内容的吸引力。不同类型的开头适用于不同类型的文章或内容，创作者要根据具体情况选择合适的开头方式。

✦ 写自媒体文章虽不用像写书般严谨，但也需要有框架结构，否则会让用户抓不住重点。创作者可采用"三步走""万能裂变法""人物时间线""清单体""总分总"5种常用基础结构。

✦ 自媒体文章的结尾是再次连接读者的机会，因此一定要给读者留下深刻的印象，或者引导读者互动，以提高文章的转粉率。

4.1　3 类经久不衰的选题

根据对新榜发布的 2021 年及 2022 年新媒体内容生态数据报告的统计分析,适合图文类内容的创作热门选题有 3 类,分别是时事资讯、时尚生活和情感话题。

（1）时事资讯

时事资讯类选题其实十分广泛,包含热点新闻事件、社会百态、真实事件、百姓民生、国家政策福利等。这类选题与民生密切相关,因此不论是在哪个平台,都有非常高的关注度。

普通人做这类选题,其实并不难。例如,你可以对某项国家政策福利进行普及,或者对某个热点事件阐述个人的观点。小红书上有一位图文博主通过图文方式分享职场相关资讯,图文封面简洁,内容干货齐全,爆款频出,粉丝数量只有14.2万,获赞与收藏数量却达到了 500 多万次（见图 4-1）。

（2）时尚生活

时尚生活选题也是一个大类,它还是最普遍且每个人都能创作的内容,包含美妆、护肤、穿搭、美食、娱乐、旅游、

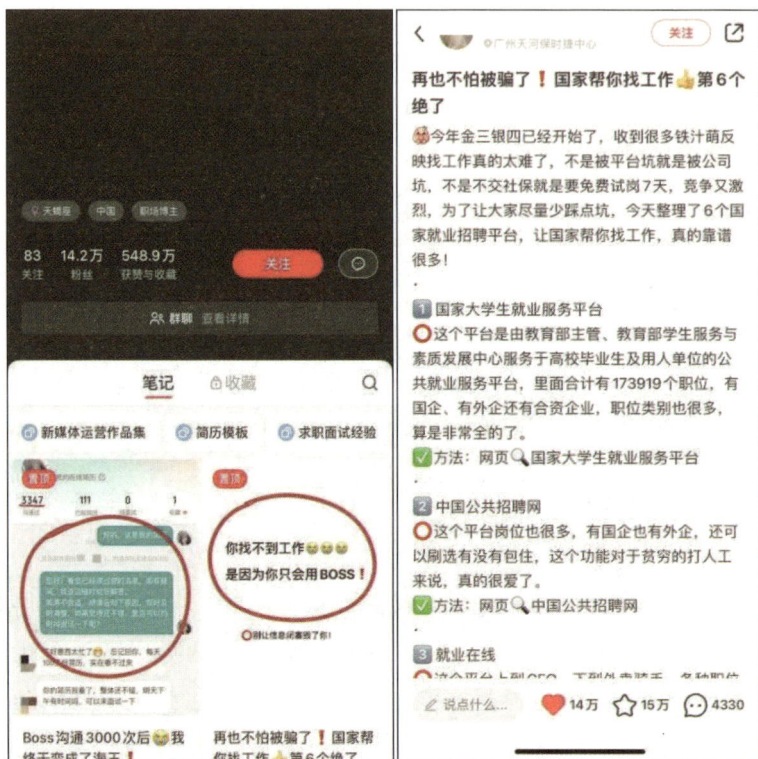

图 4-1　小红书某图文博主账号及笔记页面

生活方式与态度等。新榜《2022新媒体内容生态数据报告》显示，"奔赴美好生活"是2022年涨粉的主要话题（见图4-2）。这也符合各平台的创作初衷，就像抖音的口号是"记录美好生活"，小红书的口号是"标记我的生活"，快手的口号是"拥抱每一种生活"。而随着生活品质的提高，人们对美也有了更高的追求。由此可见，时尚生活是这个时代经久不衰的话题。

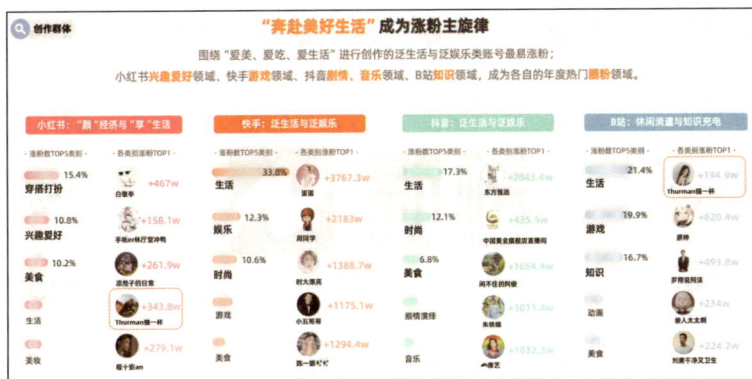

图 4-2　来源于新榜的数据

例如，在抖音 2022 年度图文人气榜单评选中，凭借作品《事在人为，聚散离合，都不必拿缘分二字做托词》拿到第一名的"普陀山小帅"，他将旅游与生活态度相结合，不仅是在导游，更是在"导心"，让用户产生了共鸣，因而在抖音收获了1000 多万粉丝。

（3）情感话题

情感话题涵盖了情侣关系、夫妻关系、家庭关系、亲子关系、朋友关系及其衍生话题，如女性成长、个人成长、情绪管理等。一直以来，情感话题都是网络上的热门，各大平台上相关的内容层出不穷。原因其实很简单，因为这类话题总是能轻易戳中用户的痛点，触及他们内心最柔软的地方。

例如，"新世相"就是情感类的公众号，在如今很多人更喜欢视频内容的情况下，该公众号每一篇文章的浏览量仍然能在10 万次以上，并且点赞、收藏、评论的数量都能上千。它通过文字的力量感染每一位读者，再给予他们力量去面对生活。当然，"新世相"的呈现形式不仅有文字，也会通过漫画的小故事治愈那些脆弱的心。就像那篇《他没解释。没隐藏。没后悔》通过漫画的形式，讲述了长出尾巴的主人公在经历一天"区别对待"后的感触，最后点明每个人都会长尾巴，因为它是你"在动作上试图隐藏，在意愿上又希望被感知"的心情，它是你的"情绪器官"。这个巧妙的设计应该是让人产生共鸣的最高级方式了。

4.2 5个让读者忍不住看下去的开头套路

万事开头难。一篇图文笔记在开头部分引起读者的期待是非常重要的。有了好的开头，后面的内容就会有"一顺百顺"的感觉。以下5种开头方式一定可以帮助你打开思路，写好图文笔记。

（1）问句法

问句法是一种很常见的开头方式，是最基本、最好用的开头模板，具体包括疑问句、反问句和设问句。这种开头方式通过提出引人思考的问题吸引读者的兴趣，进而引导他们继续往下阅读。其好处是能够迅速引起读者的好奇心，让他们产生强烈的阅读欲望。

例如，莫泊桑的短篇小说《壁橱》就是以反问的句式开头："吃完晚饭后，大家开始谈论姑娘们，因为男人们聚在一起，还能谈论些什么呢？"李笑来的畅销书《把时间当作朋友》中就采用了疑问句式的开头，如"什么是时间""我们应该怎样看待时间"等都是非常精彩的开头。

（2）金句式

这种开头方式是通过引用精彩的名言或重要的事实吸引读者的注意，进而引导他们阅读文章。这种开头的好处是能够很好地展现文章的主题，同时吸引读者继续往下阅读，还能提升整篇文章的格调。

需要注意的是，金句并不完全局限于名言警句，也可以是接地气的扎心语句。越扎心，越能引起共鸣，效果也就越好。例如，我们要写一篇关于个人成长的情感类文章，开头可以说"你知道哭是解决不了问题的，但你也知道，没有人哭是为了解决问题"，这样的扎心金句能让人瞬间破防，把情绪调动到最高点。杨澜的畅销书《看见》中也采用了金句式的开头："每一个平凡的日子都是一条不可重复的河流。"

（3）热点式

这种开头方式是通过引用最新的热点事件或话题吸引读者的兴趣，进而引导他们阅读文章。这种开头的好处是能够让读者感觉到文章与时俱进，紧跟时代潮流。但是，这种开头方式的适用范围有限。因此，我们在使用时切勿生搬硬套，引用的热点一定要契合主题。

例如，公众号"洞见"在两篇情感类文章《婚姻只能筛选，不教育、不改变》《千万别把女儿养成圣母》中，一开头就借用了电影《消失的她》的热度，阅读量超过 10 万次，点赞、收藏、评论数量都超过 5000（见图 4-3）。不止如此，它还有借用高考、节日等热点的相关文章。

图 4-3　公众号"洞见"的两篇情感类文章

（4）留言式

留言式的开头通常是一句询问或观点引导，让读者有参与感，引发留言和讨论。这种开头的好处是能够让读者有机会与作者进行互动，增加读者的黏性和忠诚度。

一些数据显示，拥有留言区的文章往往比没有留言区的文章更容易被关注和转发。例如，在知乎上，留言量多的问题往往会被推荐到更多用户面前；在微博上，一些热门话题的留言往往会被用于衡量话题的受关注程度。

（5）冲突式

冲突式的好处是通过拉起冲突和对立，制造紧张气氛，从而迅速引起用户的好奇心。写冲突式开头可以从利益冲突、感情冲突、目标冲突及人物自我心理的矛盾冲突等方面入手。但需要注意，冲突并不是互掐互骂，不然你的文章就会显得低俗无趣。

总之，不同类型的开头适用于不同类型的文章或内容，我们要根据具体情况选择合适的开头方式。但是，无论哪种开头方式，都要能够吸引读者的注意，引导读者阅读文章或内容，进而产生浓厚的兴趣，并通过提问、引导留言等方式增加读者的参与感。

4.3 用好 5 个结构，轻松写出阅读量超 10 万次的爆款文

有了好的开头后，我们需要斟酌的就是图文的结构了。接下来讲述写作图文笔记的 5 种经典结构，大家可以根据内容需要选用。

4.3.1 结构1：三步走——为什么、是什么、怎么做

结构1比较适用于以解决某个问题或需求为主要目的的文章，通常会从"为什么这个问题或需求存在""是什么样的问题或需求"及"如何解决问题或满足需求"三个方面进行阐述。这种结构的文章具有逻辑性强、层次分明、易于阅读和理解等特点。

（1）为什么

在结构1中，"为什么"是文章的开篇部分，主要用于引出文章要解决的问题或要满足的需求，让读者对文章有整体的认识和理解。为什么这个问题或需求存在，有哪些原因和影响？这部分需要有数据或案例支撑，让读者认识到这个问题或需求的重要性和紧迫性。例如，如果要写一篇关于防晒的文章，开篇可以介绍近年来皮肤癌发病率逐年上升的事实，让读者认识到防晒的重要性和必要性。

（2）是什么

在结构1中，"是什么"是文章的中间部分，主要对问题或需求进行具体的描述和分析，让读者了解这个问题或需求的本质和特点，包括它的定义、范畴、表现形式等。继续以防晒为例，这部分可以介绍不同类型的紫外线、皮肤受损的原因、不同人群的防晒需求等内容，让读者更全面地了解防晒问题。

（3）怎么做

在结构1中，"怎么做"是文章的结尾部分，主要提出解决

问题或满足需求的方案和方法。这部分需要具体、实用、可行，并且能够解决问题或满足需求。例如，对于防晒问题，这部分可以介绍正确的防晒步骤、不同防晒产品的适用性、如何正确选购防晒产品等内容，让读者掌握实用的防晒知识。

采用结构 1 的文章可以应用于很多领域，如健康、职业、生活等。采用这种结构写出的文章能够很好地解决读者的问题，满足读者的需求，具有一定的实用性和指导性。同时，这种结构的文章具有较强的逻辑性，阅读起来也比较流畅，容易让读者跟随作者的思路理解文章的观点和内容。

但是，在使用结构 1 的过程中，也需要注意以下几点。

▶ **确定文章的目标和主题**

在写作之前，需要明确文章的目标和主题，以便在整个文章中都贯彻和突出这个主题。

▶ **突出重点和亮点**

在介绍问题、解释问题和提出解决方案的过程中，需要突出文章的重点和亮点，使读者更容易理解和接受。

▶ **提供具体实例**

在阐述问题和提出解决方案时，提供具体的实例可以更好地帮助读者理解和记忆文章内容，提高文章的实用性和指导性。

▶ **突出解决方案的可行性**

在提出解决方案时，需要突出方案的可行性，说明方案是经过实践验证的，并且可以在实际应用中取得良好的效果。

▶ **注意文章的逻辑性和连贯性**

文章需要按照问题、解释、解决方案的顺序进行编写，同时需要注意段落之间的过渡和联系，增强文章的逻辑性和连贯性。

在实际应用中，结构1是一种比较常见和实用的文章结构，可以用于写作各种类型的文章，如新闻报道、科普文章、教育文章等。写作过程中需要结合实际情况和读者需求，合理运用结构1的方法和技巧，使文章更有说服力和可读性。

4.3.2 结构2：万能裂变法——1个观点附加N个案例

万能裂变法是一种营销策略，通过引导用户将内容分享给其他用户，从而实现营销效果的最大化。在这种结构中，我们可以使用一个观点，并通过大量案例证明这个观点的正确性，从而引导用户进行分享和传播。

（1）使用一个观点

在使用这种结构的文章中，首先需要确定一个观点。这个观点需要有一定的创新性和说服力，能够引起读者的兴趣和共鸣，让读者想要进一步了解。例如，我们可以使用"视频营销的重要性"这个观点，通过大量案例证明视频营销的优势。

（2）大量案例的呈现方式

在万能裂变法中，大量案例是非常重要的。这些案例可以分为两种呈现方式：具体案例和类比案例。

▶ **具体案例**

具体案例是指与观点直接相关的真实事件或个人故事，这些案例能够深刻地展现观点的真实价值。例如，在探讨"视频营销的重要性"的文章中，我们可以介绍以下几个真实的案例。

- 由于一段优秀的视频广告，某品牌的销售额在短短几个月内增长了 50%。
- 一位创业者通过自己的短视频推广，快速积累了大量的粉丝，并成功实现了品牌裂变。
- 这些具体的案例能够让读者更好地理解和认同文章的观点，增强其可信度和说服力。

▶ **类比案例**

类比案例是指将某一场景或问题与当前讨论的观点进行比较，以阐述观点的价值和优势。例如，在探讨"视频营销的重要性"的文章中，我们可以使用以下类比案例。

- 假设你管理一家传统企业，如果不通过视频营销拓展市场，就像在夜市里摆摊卖货，面临的是很差的商业环境，难以获得长足的发展。
- 假设你是一位创业者，如果不通过视频营销增加曝光度，就像站在人迹罕至的山巅，无人知晓你的存在，无法得到更多人的认可和支持。

通过这些类比案例，读者可以更好地理解和感受到文章的观点，加深对观点的认同和记忆。

（3）注意事项

在使用万能裂变法时，需要注意以下几点。

▶ 选题要精准

选题是关键。如果选题不够精准，或者过于热门，就可能被其他竞争者抢占先机，造成效果大打折扣。

▶ 案例要真实

选好了题目，接下来就要找案例。案例要真实可信，而且要和题目紧密相关，这样才能够引起读者的共鸣。

▶ 文章结构要清晰

文章结构要清晰，标题要简洁明了，吸引读者点击进来。开头要有亮点，引起读者的兴趣；中间要让读者深入理解；最后要有结论，给读者留下深刻的印象。

▶ 语言要生动

语言要生动，用生动的词语和形象的比喻吸引读者，让读者感受到你的观点和情感。

▶ 推广要得当

好的文章需要推广，可以在社交媒体、微信公众号、论坛等平台推广，吸引更多的读者。

（4）知名博主和作品

万能裂变法是一种非常有效的写作方式，因此许多知名博主和作家都曾使用过这种方法。例如，财经专家吴晓波在他的著作《大败局》中使用这种方法，让读者深入理解中国经济改革的历史，以及改革面临的困境和挑战。

4.3.3 结构 3：人物时间线

结构 3 是以人物为主线，按照时间顺序写作。它将故事化的叙述与人物的情感体验相结合，让读者更容易被吸引和打动。这种结构的文章不仅能够表达作者的观点和思想，也能够引导读者产生共识和情感共鸣。

（1）人物稿公式

人物稿公式是结构 3 的基础，它由导入语、人物故事、结论三部分组成。其中，导入语的作用是让读者更好地了解人物故事的背景和基本情况，为读者提供必要的信息；人物故事是整篇文章的核心，通过讲述人物的经历、感受、想法等内容引导读者产生情感共鸣；结论则是整篇文章的总结，通常用于强调作者的观点和建议。

（2）时间顺序法

时间顺序法是结构 3 的另一个重要组成部分，它按照时间的先后顺序叙述事件，可以让读者更清晰地了解人物的经历和变化。在时间顺序法中，有时会使用闪回和预示的手法，以更好地展示人物的内心和情感变化。

（3）如何运用结构 3

在运用结构 3 时，首先要确定人物的选取。这个人物可以是真实存在的，也可以是虚构的。但是，不论是真实的还是虚构的，都要让读者能够产生共识和情感共鸣。在选择人物时，要注意其与文章主题的相关性，不能离题太远。

其次，要按照时间顺序叙述人物的故事。在叙述的过程中，要注意语言的生动形象、情感的细节刻画，以及对主题的引导和强调。同时，还要注意把握节奏，避免故事冗长和枯燥。

最后，要在文章的结论部分对人物故事进行总结，并强调自己的观点和建议。这个结论需要简洁明了，能够让读者更加深入地理解文章的主题和立场。

（4）注意事项

在使用结构3时，需要注意以下几点。

- 确定好人物的选取，并让其与文章主题具有较强的相关性。
- 按照时间顺序叙述故事，注意语言的生动形象和情感的细节刻画。
- 在结论部分对人物故事进行总结，并强调自己的观点和建议。
- 不要过多地展现个人主观情感，尤其是负面情绪，而应该保持中立客观，减少个人情感色彩，让人物形象更加真实可信。
- 不要刻意渲染和夸张，保持真实性和自然性，让故事更有可读性和可信度。
- 注意语言的表达方式和叙述技巧，采用生动形象、细节描写和对话等方式，使故事更加感人、引人入胜。
- 控制好篇幅和时间长度，让故事自然流畅、生动有趣。

总之，结构 3 是一种以人物为主线的叙述结构，通过生动有趣的故事情节传递文章的主旨和价值观念，使文章更有可读性、可信度和感染力。同时，结构 3 也要注意选人、用人、不过度渲染、控制篇幅等细节问题，让故事更有说服力和感染力，从而达到预期的目的。

（5）使用结构 3 的案例

主题：坚持梦想

人物选取：小明，一位年轻的音乐爱好者，从小就喜欢音乐，但父母一直反对他选择音乐作为职业。

故事叙述：

小明从小就对音乐充满了热爱，他经常在家里弹吉他、唱歌。他的天赋很快被周围的人发现，老师、同学、亲戚都认为他的音乐天赋很高。但是，他的父母却并不支持他选择音乐作为职业。

小明的父母认为，音乐是一项没有前途的职业。他们希望儿子能够选择一个更加稳定和有前途的职业，比如医生或工程师。他们多次跟小明谈论这个问题，希望他能够放弃音乐，转而学习其他专业。但是，小明对音乐的热爱却如此之深，他无法放弃。

小明决定离开家，去追寻自己的梦想。他来到一个音乐学院，开始了自己的音乐之路。在学习的过程中，他遇到了很多志同道合的人，他们一起探索音乐的奥秘，一起创作了许多优美的音乐作品。虽然他们的日子过得很艰苦，但他们的内心充满了激情和希望。

小明在学习期间多次参加音乐比赛，虽然曾经失败过，但他从来没有放弃，他一直在努力。最终，他在一次全国音乐比赛中获得了第一名的好成绩，这个成绩为他赢得了家人的认可和支持。

结论：

小明的故事告诉我们，追求梦想是需要勇气和毅力的，有时候也需要离开家人，离开舒适的生活环境，去寻找真正属于自己的人生道路。虽然梦想的路上充满了挫折和艰辛，但只有坚定地走下去，才能最终获得成功和幸福。

4.3.4 结构 4：清单体

清单体是一种按照一定顺序或分类的方式叙述事物的文章结构，它通常会先列出一些标题或关键词，然后逐个进行阐述或详细解释。清单体可以帮助读者更快速地了解文章的主题和内容，也能够使文章的条理更加清晰。其具体的写作方法如下。

（1）确定主题和关键词

采用清单体的结构写文章，首先需要明确文章的主题，然后将其分解成几个关键词或子主题。这些关键词可以是名词、动词、形容词、短语等，将作为文章清单的主要条目。

例如，我们要写一篇关于健康饮食的文章，可以将其分解成"健康食材""均衡饮食""食品加工"等子主题。

（2）按照顺序或分类列出清单

确定主题和关键词后，我们需要将其按照一定的顺序或分类进行排列。排列方式有很多种，可以按照时间顺序、大小顺序、重要性顺序、类别分类等。具体采用哪种排列方式，需要根据主题和关键词的实际情况决定。

例如，我们可以按照类别分类列出"健康饮食"的清单，将其分为"健康食材""均衡饮食""食品加工"等类别，这样就可以在每个类别下列出具体的条目。

（3）对每个条目进行阐述或解释

在列出清单后，需要对每个条目进行详细的阐述或解释。阐述的方式包括定义、案例、论证、分析等。需要注意的是，阐述或解释的内容应与主题和关键词保持一致，不能离题太远。

例如，对于"健康食材"这个条目，我们可以介绍一些健康的蔬菜水果、粗粮等食材，并阐述它们的营养成分和作用。

（4）注意语言表达和排版格式

在写作清单体的文章时，语言表达和排版格式也非常重要。语言表达要生动、简洁明了，不能太过冗长和复杂。排版格式可以采用标题、编号、项目符号等方式，使清单更加清晰明了。

例如，我们可以使用标题"健康饮食清单"引出清单体文章，接下来便可以采用编号或项目符号的方式列出具体的健康饮食清单。

健康饮食清单

▶ **多吃蔬菜水果**

蔬菜水果中富含各种营养素，如维生素、矿物质和膳食纤维等，能够帮助身体保持健康。每天应该摄入至少 5 份蔬菜水果，可以选择各种颜色的蔬菜水果，保证各种营养素的摄入。

▶ **适量摄入蛋白质**

蛋白质是构成人体各种细胞和组织的重要成分，能够帮助维持肌肉、骨骼、皮肤等健康。适量地摄入蛋白质能够帮助身体保持充足的能量和免疫力。推荐每天摄入适量的鱼、肉、蛋、豆类食物，注意避免过量摄入。

▶ **控制油盐摄入量**

油盐是我们饮食中必需的调味品，但是过量的摄入会增加身体的负担，导致健康问题。我们应该尽量减少食用高油脂、高盐分的食物，注意搭配食材，合理控制油盐的摄入量。

▶ **多喝水**

水是组成人体的主要成分，能够帮助身体排出代谢废物、维持体温和水平衡。每天应该喝足够的水，推荐每天饮用至少 8 杯水。

▶ **避免吃零食和高糖食品**

零食和高糖食品中含有较高的糖分和热量，过量摄入会增加身体的负担，导致健康问题。我们应该尽量避免吃零食和高糖食品，选择健康的食品进行搭配。

同时，在撰写清单体文章时需要注意以下几点。

（1）确定清单的主题和范围

在开始写清单前，要明确清单的主题和范围，以确保清单的内容具有针对性和实用性。

（2）列出具体细节

清单体的重点在于列举具体的细节或项目，因此要仔细思考，详细列出每一个细节或项目。

（3）突出重点

在列举清单的过程中要突出重点，强调其中最重要的项目或细节。这样可以使读者更清楚地了解文章的重点和主旨。

（4）适当分段

清单体文章可以根据主题和范围的不同进行分段，这样能使文章更加清晰明了。每一段的开头可以加上段落标题，使读者更容易理解。

（5）避免重复

在列举清单的过程中，要注意避免重复列举相同的细节或项目，以免影响文章的可读性和可信度。

总之，清单体是一种非常实用的写作结构，适用于各种清单、计划、建议等文章的写作。在撰写清单体文章时，需要注意语言表达、排版格式及细节列举的准确性和完整性，从而使清单更加实用和具有说服力。这样可以帮助读者更加清晰、明确地理解文章的内容和重点。

4.3.5 结构 5：观点文的"总—分—总"式

观点文是一种比较常见的文章类型，通常采用"总—分—总"的结构。这种结构分为三部分：第一部分是总起，即对文章主题进行总体介绍；第二部分是分论述，即从不同的角度对主题进行深入分析和论述；第三部分是总结，即对文章的结论进行概括。

（1）总起

总起是文章的开头部分，主要对文章的主题进行总体介绍，提出自己的观点，表明立场。总起部分要突出文章的核心内容，引起读者的兴趣，并让读者对文章的主题有初步的了解。

在写总起时，需要注意以下几点。

▶ 突出主题

总起部分的首要任务是突出文章的主题，使读者在一开始就能够了解文章的重点和立场。

▶ 引入概述

总起部分可以引入概述，简要介绍文章的主要内容，让读者对文章的内容有整体的了解。

▶ 提出观点

在总起部分，作者需要提出自己的观点，表明自己的立场，引起读者的共鸣和思考。

（2）分论述

分论述是文章的主体部分，从不同的角度对主题进行深入分析和论述。作者在这部分需要运用丰富的例证、事实和数据，充分展现自己的论述能力和说服力。

在写分论述时，需要注意以下几点。

▶ **逻辑分明**

分论述部分需要按照一定的逻辑顺序进行分析和阐述，让读者能够清晰地了解文章的结构和思路。

▶ **丰富的例证**

在分论述部分，作者需要提供丰富的例证和事实，充分说明自己的观点和立场，并让读者更好地理解和认同。

▶ **分析深入**

在分论述部分，作者需要从不同的角度进行分析和阐述，深入剖析主题的各个方面，让读者有全面的了解。

（3）总结

总结是文章的结尾部分，对文章的结论进行概括。在总结部分，作者需要回顾文章的主要内容，重申自己的观点和立场，并提出一些建议和展望。

在写总结时，需要注意以下几点。

▶ **突出结论**

总结部分的首要任务是突出文章的结论，同时要尽可能地简洁明了，让读者能够清晰地了解作者的立场和观点。结论可以从多个角度进行突出，例如，通过强调关键词、重复主题、简明扼要地概括全文等方式，让读者能够深刻地理解文章的主旨。

▶ 回顾全文

总结部分不仅仅是简单地对文章进行概括，更要回顾全文、突出主题，从而更好地印证自己的结论。回顾全文可以通过提出关键词、重申主题、总结段落等方式完成。

▶ 给出建议

除了突出结论和回顾全文之外，总结部分还可以给出一些建议或展望，让读者能够深入地了解文章的主题和价值。这些建议可以针对文章探讨的问题，提出一些解决方法或展望未来的方向等。

总之，总结部分是文章中不可或缺的部分，其作用是为读者提供清晰的结论和深入理解主题的机会。作者在写总结时，需要注意突出结论、回顾全文及给出建议等方面，同时要简明扼要，让读者能够一目了然。

使用"总—分—总"结构的案例

▶ 总

人类社会面临着日益严峻的环境问题，环境保护已成为人类共同的责任和挑战。

▶ 分

然而，环保行动中存在不同的意见和方法。一方面，有人主张采取严格的环境保护措施，如控制排放、限制消费、加强监管等；另一方面，也有人认为应该在促进经济发展和环保之间寻求平衡，例如，通过技术创新、循环经济等方式实现可持续发展。

▶ 总

综合来看，环境保护和经济发展不是对立的，而是相辅相成的。我们需要既保护环境，又促进经济发展。这需要我们采取全面的措施，从政府、企业和个人层面入手，加强环保宣传和教育，推动科技创新，建立环境保护法律体系等。只有这样，我们才能实现可持续发展，让未来的世界更加美好。

"总—分—总"结构的优点在于层次分明，能够帮助读者快速把握文章的主旨和论点。同时，这种结构也有很强的逻辑性和说服力，能够让读者更信服作者的观点。

4.4　3个爆款结尾套路

结尾是文章的收尾。恰当的结尾可以强化文章的主题和观点，深化文章的立意，给读者留下深刻的印象。

4.4.1　结尾1：排比句

排比句是一种常用的结尾写作技巧，可以用于概括文章的主题，强调观点，增强文章的语言气势、说服力和情感共鸣。

（1）什么是排比句

排比句又称为对偶句，是指通过对一系列相同或相似的语句进行排列，以增强表达的力度和效果的句式。这种句式可以让文章更加生动、形象、易于理解，让读者更好地领会文章的主题和观点。

（2）排比句的特点

▶ 纵向对称性

排比句的语言结构具有纵向对称性，多用于写作精练、简洁的文章。

▶ 简短精悍

排比句要注意语句简短精悍，易于记忆和理解。

▶ 节奏明显

排比句的语言节奏明显，具有强烈的韵律和音乐感，使文章更加生动、形象。

▶ 情感共鸣

排比句通过相同或相似的语句进行排列，强化表达的力度和效果，让读者产生情感共鸣。

（3）运用排比句的好处

▶ 突出重点

通过对一系列相同或相似的语句进行排列，突出文章的重点，增强表达的力度和效果，让读者更好地领会文章的主题和观点。

▶ 增强说服力

排比句可以增强文章的说服力，使文章更有感染力，让读者更信服。

▶ 强化形象

排比句通过相同或相似的语句进行排列，强化表达的形象感，使文章更加生动、形象、易于理解和记忆。

▶ 增强韵律

排比句具有强烈的韵律和音乐感，它能为文章注入鲜明的节奏，赋予其独特的艺术魅力，让文章显得更加优美且动人心弦。

（4）优秀的排比句案例

排比句是一种修辞手法，通过一系列并列的语句强调、突出某个概念或情感，使文章更生动有力。

"天下兴亡，匹夫有责。"

这句话出自明末清初思想家顾炎武的《日知录·正始》，形象地表达了作者对自己心态、行为和志向的描述，非常生动有力。

"大江东去，浪淘尽，千古风流人物。故垒西边，人道是，三国周郎赤壁。乱石穿空，惊涛拍岸，卷起千堆雪。江山如画，一时多少豪杰。"

这段话出自宋代文学家苏轼的《念奴娇·赤壁怀古》，通过一系列生动的描写，将赤壁之战的历史与文学、艺术相结合，形象地表达了作者的感受，非常具有感染力。

"人心弯弯曲曲水，世事重重叠叠山。"

这句话出自明代罗念庵的《醒世诗》，用排比的手法，生动地表达了人生感慨。

"苟全性命于乱世，不求闻达于诸侯。"

这句话出自诸葛亮的《出师表》，用两个并列的动词短语，表达了作者内心平和、做事无愧于心的精神追求，非常简洁有力。

这些优秀的排比句案例不仅语言简洁、形象生动，而且句式变化多样，非常有感染力，给人深刻的印象。在写作中，如果恰当地运用排比句，可以让文章更加有力、生动，产生更好的修辞效果。

4.4.2　结尾2：总结+干货

除了排比句，另一种常见的图文结尾套路就是"总结+干货"。这种结尾套路适用于各种类型的文章，可以让读者在阅读完整篇文章后更清晰地了解文章的主题和核心观点，并获得一些实用的知识和建议。

（1）总结

总结部分需要突出文章的主题和核心观点，并用简明扼要的语言表达出来。如果文章的主题和观点已经在开头部分提过了，那么结尾部分可以采用呼应或加强的方式进行总结。

例如，文章的主题是如何保持健康的生活方式，那么可以在结尾部分重申健康的重要性，并指出文章中提到的一些关键因素，如饮食、锻炼、休息等，以及它们对健康的影响。

此外，总结部分也可以展望未来，探讨主题的发展趋势和可能的变化，让读者更好地了解主题的前景和现状。

（2）干货

总结部分之后可以添加一些实用的干货内容，让读者能够在阅读完文章后获得具体的建议或指导。这些干货可以是关于主题的相关知识、技巧或经验，也可以是相关资源、网站或工具的推荐。无论是哪种类型的干货，都应该紧密结合文章的主题和内容，并且能够为读者提供实际帮助。

例如，写关于旅游的文章，可以在结尾部分推荐一些旅游网站或应用程序，让读者能够更方便地查找和预订旅游相关服务。在写关于学习的文章时，可以提供一些学习方法或技巧，帮助读者更有效地掌握知识和技能。

（3）注意事项

在使用"总结 + 干货"的结尾套路时，需要注意以下几点。

- 总结部分需要简明扼要，突出文章的主题和核心观点。
- 干货内容需要与文章的主题紧密结合，并能够为读者提供实际帮助。
- 干货内容需要真实可靠，不要提供虚假信息或误导读者。
- 干货内容可以采用图表、图片等形式展示，让读者更加直观地了解内容。

- 干货内容应该针对读者的需求及兴趣进行精心设计和撰写，以达到更好的效果。

例如，写一篇关于如何学习英语的文章，就可以在结尾部分采用"总结＋干货"的套路，具体如下。

▶ 总结部分

通过本文的阐述，我们可以看出，学习英语需要坚持不懈、持之以恒，同时还需要具备良好的学习方法和环境。只有这样，我们才能在英语学习之路上取得更好的成绩。

▶ 干货内容

- 建立良好的学习习惯

  每天定时、定量地学习英语，不断积累词汇、语法和听力技能，让学习成为一种习惯。

- 找到适合自己的学习方式

  不同的人有不同的学习方式，有些人适合听力和口语训练，有些人则更适合阅读和写作练习。找到适合自己的学习方式，可以事半功倍。

- 营造良好的学习环境

  学习环境对于英语学习至关重要，我们可以选择安静、光线明亮、通风良好的地方进行学习，让自己更加专注。

- 多进行语言实践

  只有在实践中才能提高语言能力，我们可以通

过参加英语角、交流会、语言培训等途径进行语言
实践。

通过以上干货内容，读者可以更深入地了解如何学习英语，同时也可以根据自己的情况进行相应的调整和改进，从而更好地提高英语学习能力。

总之，采用"总结 + 干货"的结尾套路可以让文章更有实用性和指导性，同时也能够提高读者的阅读体验和参考价值。在运用这种结尾套路时，我们需要注意总结的简明扼要和干货内容的真实可靠，并尽量让干货内容与读者的需求和兴趣吻合，从而达到最佳效果。

4.4.3 结尾 3：金句

金句作为文章结尾的套路，是一种简洁有力的写作方式。它通过一句精妙的话语，将文章的主题和核心观点深深地印在读者的脑海中，达到提醒、感染、启发或警醒的作用。那么，如何运用金句作为文章结尾呢？

(1) 金句的特点

金句有以下几个特点。

- 简洁有力：金句通常只有一句话，但这句话要言简意赅、抓住主题、表达精髓。

- 突出重点：金句是文章的亮点，要突出文章的主题和核心观点，引起读者的共鸣。

- 易记易传：金句一般简短精悍，容易被读者记住和传播。
- 启迪引导：金句可以提供深刻的思想，或者启示读者，引导他们思考。

（2）金句的运用

▶ 结尾呼应主题

金句作为文章结尾的套路，最重要的是要呼应文章的主题。金句可以表达文章的核心思想、强化主题、给读者深刻的印象。例如，"坚持不懈地努力，必将迎来成功的曙光"，这个金句突出了文章的主题，强调只有坚持不懈地努力才能获得成功，给读者带来启迪和鼓舞。

▶ 用警句提醒读者

金句可以采用警句的形式，提醒读者要注意某个问题，引起他们的警觉。例如，"时间就像海绵里的水，挤一挤总会有的"，这个金句用生动形象的比喻提醒读者管理好时间，用好每一分、每一秒。

▶ 点明主题的价值

金句可以点明文章主题的价值和意义，引导读者深入思考。例如，"生命就像一支蜡烛，不管它多长，最终都会熄灭。但在生命的每一瞬间，我们都可以把它燃得更加明亮"，这个金句点明了生命的短暂和珍贵，提醒读者要珍惜每一天，把生命燃得更加明亮，给人以启示和感悟。

▶ 深入主题的价值

除了点明文章主题的意义和价值，金句还可以深入挖掘文章主题的内涵和价值，让读者更加深刻地理解和感受。例如，"教育的真正价值不在于填鸭式地灌输知识，而在于开拓人们的思维和潜力"，这个金句强调了教育的真正价值是开拓人们的思维和潜力，而不是简单地灌输知识。它点出了教育的深层次内涵，引导读者深入思考教育的意义和目的。

总之，金句不仅可以点明文章主题的价值和意义，还可以深入挖掘文章主题的内涵和价值，引导读者深入思考和感受。好的金句不仅能够为文章画龙点睛，还能够让读者深刻记忆，产生长远的影响。

05

第 5 章

如何选择内容平台

本章要点预览

◆ 抖音的本质是一个庙会，它是一个集聚了各种各样的人和活动的地方。

◆ 小红书的流量密码是一个动态的系统，会根据多种因素和策略进行调整和优化。

◆ B站是一个有温度的社区，吸引了大量的用户和创作者，让人们在这个平台上感受到温暖和归属感。

◆ 视频号与其他自媒体平台打通，为内容创作者带来了更广泛的传播渠道、粉丝互通和商业变现的机会。

◆ 快手成功地吸引了大量下沉市场用户，成为中国下沉市场的领先短视频平台之一。

◆ 公众号作为微信平台的核心应用之一，仍然是企业和个人进行品牌建设、内容传播和营销推广的重要工具。

◆ 知乎是一个知识分享和交流社区平台，旨在帮助用户获取高质量的信息、分享经验和观点，以及解答各种问题。

5.1 抖音

抖音是一款音乐创意短视频社交软件，如今已经越来越深入到人民群众的生活中。

5.1.1 抖音的本质是一个庙会

抖音的本质可以被形象地描述为一个庙会。庙会是一个集聚了各种各样的人和活动的地方，抖音也是如此。在抖音上，用户可以分享各种类型的短视频，展示自己的才艺、生活、兴趣和创意。这些短视频可以包括娱乐段子、舞蹈表演、美妆教程、美食制作、旅行记录等。此外，抖音平台还汇聚了大量不同背景、不同兴趣爱好的用户，因而充满了活力和多样性。

抖音的庙会本质也反映在其推荐算法上，该算法会根据用户的兴趣和互动行为，推送符合其偏好的短视频内容，使用户能够在抖音上找到自己感兴趣的内容和创作者。

5.1.2 抖音直播电商的发展趋势

抖音直播电商是近年来抖音平台的一个重要发展趋势，它将直播与电商相结合，为用户提供购物的便利和娱乐体验。以下是抖音直播电商的一些发展趋势。

（1）直播带货的兴起

直播带货在抖音上得到了广泛的应用和推广。通过直播，主播可以展示和介绍产品，并即时回答用户的问题，激发用户的购买欲望。用户可以直接在直播过程中购买产品，提高购物的便捷性。

（2）KOL 和明星效应

抖音上的一些知名主播、明星具有较大的粉丝基础和影响力，他们的直播带货能够吸引大量用户观看和购买，形成明星效应。品牌和商家也借助这些 KOL 和明星的影响力推广产品，提升销量。

（3）社交化的购物体验

抖音直播电商注重社交互动，用户可以在直播过程中与主播互动、留言和评论，分享购物心得和体验。这种社交化的购物体验增强了用户的参与感和黏性，促进了用户的购买决策。

（4）数据驱动的营销和个性化推荐

抖音直播电商借助数据分析和算法推荐，可以根据用户的兴趣、购买历史和行为习惯提供个性化的推荐及推广内容。这样可以提高用户的购买意愿和购买满足度。

（5）品牌和商家的参与增加

越来越多的品牌和商家意识到抖音直播电商的潜力，并积极参与其中。他们可以与主播合作进行直播带货，提升品牌曝光度和销售额。同时，抖音也提供了一些推广工具和广告形式，使品牌和商家能够更好地推广和展示产品。

抖音直播电商的发展趋势显示出巨大的商业潜力和用户吸引力。未来，随着技术的发展和用户需求的变化，抖音直播电商有望进一步创新和发展，为用户和品牌带来更好的购物体验和商业机会。

5.1.3　同城是抖音必须拿下的一块"蛋糕"

同城是抖音必须拿下的一块"蛋糕"。截至 2022 年底，抖音生活服务覆盖了 300 多个城市，合作的门店超过 100 家[①]。以下是其中的一些原因和解释。

（1）地理位置相关性

同城功能可以根据用户所在的地理位置，为他们提供更加个性化和相关的内容。用户可以查看附近的短视频内容，了解本地的新闻、活动、景点、美食等，因而增加了用户的兴趣和参与度。

（2）本地商家推广

同城功能可以帮助本地商家在抖音平台上进行推广。商家可以通过发布本地化的广告和优惠信息，吸引附近用户关注和消费。这为商家创造了更多的曝光和销售机会。

---

① 数据来源：新榜的《2022 新媒体内容生态数据报告》。

（3）地域文化传播

通过同城功能，用户可以分享和传播当地的文化及风俗习惯。这样可以促进地方文化的传承和宣传，增加人们对不同地区的了解和兴趣。

（4）社交互动和连接

同城功能为用户提供了与身边的人进行互动和交流的机会。用户可以发现和关注附近的创作者，结识志同道合的朋友，扩大社交网络和交流范围。

（5）本地化商业机会

通过同城功能，抖音可以更好地了解用户的地理位置和偏好，为商家提供更精准的广告投放和商业机会。这有助于商家精准触达目标用户群体，提高广告效果和转化率。

综上所述，同城是抖音必须抓住的一块"蛋糕"，通过本地化的内容和商业机会，抖音可以更好地满足用户的需求，促进用户的参与，提升用户黏性，同时也为商家和品牌提供更多的推广和销售渠道。

5.1.4 "Dou+"通过付费加速你的成长

"Dou+"是抖音的付费服务，如果对其正确使用，可以有效帮助用户加速成长。下面给大家介绍一些关于"Dou+"的相关信息和功能。

（1）提高曝光和推荐机会

"Dou+"会为创作者提供更多的曝光和推荐机会。通过订阅"Dou+",创作者的视频将获得更高的曝光量,有更多机会被推荐给更多用户,从而增加粉丝数量和关注度。

（2）优先推荐和推广

"Dou+"会将创作者的视频优先推荐给用户,增加视频的可见度和曝光率。此外,"Dou+"还提供了一些付费推广的选项,创作者可以通过投放广告提高自己的影响力和曝光度。

（3）数据和分析工具

"Dou+"为创作者提供了更多的数据和分析工具,帮助创作者了解自己的粉丝群体、观看数据和互动情况。这些数据和分析工具可以帮助创作者优化内容与策略,提高创作效果及用户参与度。

（4）独家福利和功能

"Dou+"会为订阅用户提供一些独家福利和特权,如专属表情包、个性化设置和优先体验新功能等。这些独家福利可以有效增加用户的归属感和黏性。

（5）收入分享

"Dou+"还为创作者提供了收入分享的机制。订阅用户的付费将一部分作为收入分配给创作者,让他们能够从自己的创作中获得经济回报。

综上所述,通过"Dou+"付费服务,用户可以获得更多的曝光机会、推广渠道和数据分析工具,从而加速自己在抖音平台上的成长。这为创作者提供了更多的机会和资源,同时也为抖音平台带来了经济收益和更多优质内容。

5.2 小红书

自成立以来，小红书的内容几乎已经触及生活的方方面面，日益成为人们购物前的参考指南。

5.2.1 小红书的用户画像

小红书的用户画像主要包括以下特点。

（1）年龄段分布广泛

小红书的用户涵盖了不同年龄段的人群，但主要集中在 18 ～ 35 岁[①]。这个年龄段的用户更加关注时尚、美妆、旅行、生活方式等领域的内容。

（2）女性用户占比较高

小红书的用户中，女性用户占比超过 70%。女性用户在小红书上分享时尚、美妆、健康、家居等领域的经验和心得，也更加关注购物、品牌推荐和生活方式。

（3）城市用户为主

小红书的用户主要集中在一、二线城市，如北京、上海、广州等。这些用户更容易接触到国内外的时尚潮流、品牌产品和旅行机会。

（4）消费能力较高

小红书用户群体的消费能力较高，愿意尝试新的产品和体

---

① 数据来源：《2022 年千瓜活跃用户画像趋势报告（小红书平台）》。

验。他们关注品质、设计、创新和个性化，对高品质的产品和服务有一定的追求。

（5）爱好品位和独立思考

小红书的用户对品位和独立思考有一定的追求。他们喜欢分享自己的经验和见解，也乐于从他人的经验中获取灵感和建议。他们更注重产品的实际体验和真实评价。

总体而言，小红书的用户群体主要是年轻的、注重品位和个性的城市女性用户。她们喜欢探索时尚、美妆、生活方式等领域的内容，同时也乐于分享自己的经验和见解。因此，小红书提供了一个让用户能够相互交流、获取灵感和发现新的产品和服务的平台。

5.2.2 小红书的推荐逻辑

小红书的推荐逻辑主要基于以下几个方面。

（1）用户关注和兴趣

小红书会根据用户的关注列表和浏览记录，推送与用户兴趣相关的内容。用户在关注或浏览某个领域的内容后，系统会通过算法分析，推荐与该领域相关的内容给用户。

（2）用户互动和反馈

小红书会根据用户的互动行为，如点赞、收藏、评论等，判断用户对特定内容的喜好程度。系统会根据用户的反馈，优先推送类似的内容，以提供更符合用户兴趣的推荐。

（3）热门和流行趋势

小红书会关注热门话题、流行趋势和热门品牌，在用户首页和推荐页面上展示相关内容。这些内容通常涵盖时尚、美妆、旅行、生活方式等热门领域，以满足用户的好奇心和追求时尚潮流的需求。

（4）地理位置和同城推荐

小红书会根据用户所在的地理位置，推送与当地相关的内容和活动信息。这种同城推荐能够帮助用户了解本地的购物、美食、旅行和文化活动，增加用户与社区的互动和参与度。

（5）推广和品牌合作

小红书会与品牌合作，进行推广活动和付费推广。这些推广内容会以广告的形式出现在用户的推荐内容中，但系统也会尽量保持推广内容的相关性和用户体验的平衡。

综上所述，小红书通过不断优化推荐算法和梳理用户反馈，采用个性化的推荐逻辑，为用户提供与其兴趣和偏好相关的、更准确且有价值的内容，以满足用户的需求和提升用户体验。

5.2.3　揭秘小红书的流量密码

小红书的流量密码是一个复杂的系统，具体的算法和规则由平台内部控制，并且可能会随着时间和策略的变化而有所调整。尽管具体的细节是保密的，但以下常见的因素可能对小红书的流量产生影响。

（1）内容质量和受欢迎程度

小红书重视高质量、有趣和独特的内容。受欢迎的内容通常会获得更多的点赞、收藏、评论和分享，从而增加曝光和流量。

（2）用户互动和活跃度

小红书会根据用户的互动行为，如点赞、评论、分享等，判断用户对内容的兴趣和喜好。活跃度高的用户通常会获得更多的推荐和曝光机会。

（3）内容的时效性和热门趋势

小红书会关注时下的热门话题和流行趋势，推送相关的内容给用户。抓住时效性和热门话题可以增加内容的曝光和流量。

（4）品牌合作和推广活动

小红书与品牌进行合作和推广活动，为品牌提供曝光机会，同时也为创作者带来流量。通过参与合作活动，创作者有机会增加自己的曝光和影响力。

（5）用户画像和兴趣匹配

小红书会根据用户的兴趣和关注列表，推送符合用户喜好的内容。创作者了解自己的目标受众，并创作符合他们兴趣的内容，可以提高流量和用户参与度。

需要注意，小红书的流量密码是一个动态的系统，会根据多种因素和策略进行调整和优化。创作者应该注重创作高质量的内容，与用户互动，关注热门话题和趋势，并通过合作和推广活动增加自己的曝光机会。此外，理解用户画像和提供有价值的内容也是提升流量的重要方式。

5.2.4　小红书的内容逻辑

小红书的内容逻辑主要基于以下几个方面。

（1）用户分享和创作

小红书鼓励用户分享自己的经验、心得和生活方式，以及对产品、品牌和旅行目的地的评价和推荐。用户可以通过文字、图片和视频等形式，展示自己的创意和个性。

（2）有用的信息和实用性

小红书的内容注重有用的信息和实用性。用户分享的内容通常包括产品试用体验、购物心得、美妆技巧、旅行攻略、生活技能等，旨在帮助其他用户做出更好的选择和决策。

（3）原创和个性化

小红书鼓励用户创作原创内容，展示个性和创意。独特、有趣和有深度的内容更容易引起用户的注意和共鸣。

（4）社区互动和评论

小红书建立了互动的社区环境，用户可以在内容下方留言、评论和提问，与其他用户进行交流和讨论。这种社区互动可以增加用户的参与度和黏性。

（5）内容分类和标签

小红书对内容进行分类和标签，便于用户根据自己的兴趣选择浏览。用户可以浏览特定领域的内容，也可以通过关键词搜索找到相关的内容。

（6）品牌合作和推广

小红书与品牌进行合作和推广活动，推送品牌相关的内容给用户。这些内容通常包括产品试用、品牌故事、推广活动等，旨在让用户了解和体验品牌的产品和理念。

总体而言，小红书的内容逻辑是基于用户分享、实用性、原创性和社区互动。内容主要涵盖时尚、美妆、生活方式、旅行等领域，旨在为用户提供有用的信息、灵感和购物参考。创作者应注重内容的实用性、原创性和个性化，与用户进行互动，提供有价值的内容，以吸引更多的用户关注和参与。

5.2.5　小红书的变现路径

蒲公英

2022 年，小红书蒲公英平台推出新规则：粉丝数量达到 1000 个即可入驻蒲公英。在此之前，门槛是粉丝数量达到 5000 个。这意味着小博主也可以开始通过合作推广品牌或产品实现一定的变现。

当创作者的粉丝数量达到一定规模后，创作者可以与品牌合作，进行推广活动。这些合作可能包括品牌赞助、产品试用、推广文案等。通过与品牌合作，创作者可以获得一定的报酬或其他形式的合作回报。

值得注意的是，粉丝数量只是接到广告的一个门槛。与此同时，品牌也会关注创作者的影响力、内容质量及受众群体等因素。

买手电商

2023 年，小红书正式开启一种新的变现路径——买手电商。按照小红书 COO 柯南的说法，小红书买手是用户和产品之间的连接者。在小红书上，每天有将近 300 万条"求链接、求购买"的相关内容在评论区发布，每天的日活用户里近 4000 万人有求购意图[①]。

小红书的买手概念将内容博主和带货主播融合在一起。任何个人博主，只要粉丝数量达到 2000 个，就可以在小红书的选品中心选择自己想要带的货，并且可以和品牌直接对接带货佣金。这个模式对于博主、商家和平台是三赢。本身有产品和供应链的博主可以增加一个带货的收入渠道。而商家除了可以在蒲公英找博主做产品"种草"之外，还可以快速链接到和产品匹配的主播直接带货产生销售，这样商家的变现路径就变得更短。

5.3 B 站

经过多年的发展，B 站（即哔哩哔哩）已经构建了一个源源不断产生优质内容的生态系统，涵盖了 7000 多个兴趣圈层。

5.3.1 Z 世代的乐园：独具亲和力的社区

在 B 站，Z 世代（指 2000 年后出生的年轻一代）可以找

---

① 来源：小红书官方微信公众号。

到一个独具亲和力的社区。这个社区具有以下特点。

（1）共同兴趣

B 站是一个以动画、漫画、游戏（ACG）为核心的社区平台，吸引了许多对这些内容感兴趣的年轻用户。这些用户之间有着共同的兴趣爱好和文化认同，使他们更容易互相连接和交流。

（2）自由开放

B 站以自由开放的社区氛围而闻名。用户可以自由地表达自己的观点、创作内容，并与其他用户进行互动和讨论。这种自由开放的环境吸引了更多年轻人积极参与和分享。

（3）强调创意和原创

B 站鼓励用户创作原创内容，尤其是动画、漫画和游戏方面的作品。平台提供了丰富的创作工具和资源，使用户可以表达自己的创意和独特的想法，与其他用户分享并获得反馈。

（4）社区互动

B 站注重社区互动，用户可以在视频下方进行评论、点赞和分享，与其他用户进行交流和互动。此外，B 站还设有弹幕功能，用户可以在观看视频时发送弹幕消息，增加了互动性和娱乐性。

（5）贡献与认可

B 站设有一套排行榜和投稿排行机制，鼓励用户积极参与创作和贡献。用户可以通过积累投稿量、获得点赞和分享等方式获得更多的曝光和认可，从而提高自己在社区中的影响力和地位。

　　总体而言，B 站是一个以动画、游戏、漫画为核心的社区平台，提供了独具亲和力的环境，吸引了许多对 ACG 文化感兴趣的年轻用户。在这个社区中，用户可以找到具有共同兴趣爱好的人、自由表达的空间，可以与其他用户互动和交流，并展示自己的创意和原创作品。

5.3.2　B站热门分区

　　B 站有多个热门分区，简要介绍如下。

（1）动画

　　这是 B 站最具代表性和最受欢迎的分区之一，汇集了各类动画作品，包括日本动画、国产动画、原创动画等。用户可以在这个分区观看和讨论各种动画作品。

（2）游戏

　　这个分区主要涵盖了与游戏相关的内容，包括单机游戏、手机游戏、网络游戏等。用户可以在这里找到各种游戏视频和与游戏相关的讨论。

（3）生活

　　生活分区包含一系列与日常生活相关的内容，如亲子、出行、三农、手工等。这个分区提供了丰富的生活类视频，让用户可以分享和获取有关生活的知识与经验。

（4）音乐

　　音乐分区聚集了各类音乐作品，包括原创音乐、翻唱、MV

等。用户可以在这个分区欣赏到各种音乐作品，同时还有一些音乐人和乐队的表演视频。

（5）舞蹈

这个分区专注于与舞蹈相关的内容，包括街舞、舞蹈教程等。用户可以在这里观看各种舞蹈视频，学习舞蹈技巧或展示自己的舞蹈才能。

（6）影视

影视分区聚焦于影视杂谈、影视剪辑等内容，用户可以在这个分区找到各类与影视相关的讨论和观点分享。

除了以上几个热门分区，B 站还有诸多其他分区，如知识、科技、时尚、娱乐等，涵盖了多个领域的内容。每个分区都有大量的视频内容和活跃的用户社区，为用户提供了一个多元化的娱乐和交流平台。

5.3.3 有温度的多元化视频网站

B 站是一个有温度的多元化视频网站，这是由于其具有以下几个方面的特点。

（1）多元化内容

B 站涵盖了广泛的内容领域，包括动画、游戏、漫画、音乐、舞蹈、生活、影视等。这使 B 站成为一个集合了多元化内容的平台，可以满足不同用户的兴趣和需求。

（2）创作者社区

B 站非常注重创作者和用户之间的互动和交流，提供了弹幕评论、点赞、收藏等功能，让用户可以积极参与到内容创作和讨论中。这种互动性增加了用户之间的联系和社区的温度。

（3）独特的文化氛围

B站以ACG文化为核心，打造了一个独特的社区文化氛围。这种文化氛围强调创意、原创和分享，鼓励用户展示自己的才华和个性，使整个平台充满了温暖和活力。

（4）粉丝文化

B站用户之间形成了紧密的粉丝群体和粉丝文化。用户可以通过关注自己喜欢的创作者或作品，与其他粉丝进行交流和互动，共同追随和支持自己喜欢的内容创作者。

（5）社会价值观的传递

B站上的一些内容创作者通过自己的视频作品传递积极向上的价值观。他们可能分享自己的经历、鼓励他人、传递正能量等，这为B站赋予了一种温暖的氛围。

总体而言，B站作为一个多元化视频网站，不仅提供了丰富多样的内容，而且大力鼓励用户参与创作和互动。这种多元性和互动性使B站形成了一个有温度的社区，吸引了大量的用户和创作者，让人们在这个平台上能感受到温暖和归属感。

5.3.4 官方认证

在B站，官方认证是指平台对一些有特定身份的人或实体进行认证，以确认其在B站上的真实性和权威性。官方认证可以为用户提供更加可信的信息来源，使用户更容易找到并关注到正规机构、官方账号或知名个人。以下是一些常见的官方认证类型。

（1）个人认证

个人认证是指对某些知名个人的认证，这些个人可能是艺术家、创作者、公众人物或行业专家。通过个人认证，他们的账号将带有特殊标识，使用户能够更容易识别他们的身份。

（2）机构认证

机构认证是指对一些机构、公司、品牌或组织进行的认证，这些机构可能是影视公司、游戏公司、艺术机构、媒体机构等。机构认证的账号会带有特定标识，使用户能够辨认出它们的真实性。

（3）品牌认证

品牌认证是指对一些知名品牌或商业品牌进行的认证。通过品牌认证，品牌的官方账号将获得特殊标识，用户可以更容易找到和关注到官方的品牌信息。

官方认证对于 B 站具有重要意义，它能够提升用户对账号真实性和权威性的认可，同时也有助于维护平台的信誉和品牌形象。用户在浏览和交流时可以更加信任官方认证的账号，并从中获取到更准确、可靠的信息。

5.3.5　4 大会员福利

在 B 站，会员是指购买了 B 站的高级会员服务的用户，可以享受一系列特权和福利。以下是 B 站的 4 大会员福利。

（1）视频会员福利

B 站会员可以享受去除广告的观看体验，无论是在网页上还是在移动设备上观看视频都不会受到广告的打扰。此外，会员还可以享受高清、流畅的视频观看，提升观看质量。

（2）投稿特权

B 站会员可以享受更高的视频上传限制，即更大的视频文件上传空间和更长的视频时长限制。这使会员可以更方便地上传自己创作的内容，并与其他用户分享。

（3）会员礼物和勋章

B 站会员可以获得独特的会员礼物和勋章，这些礼物和勋章可以展示在个人主页上，体现自己的会员身份和支持 B 站的身份。

（4）优先抢票和活动参与

B 站会员可以享受一些线下活动、演唱会、展览等的优先购票权益，还可以参与一些会员专属的线上活动和抽奖活动。

这些会员福利可以提升用户在 B 站的观看和创作体验，使会员可以更好地支持平台，并与其他会员共同分享独特的特权和体验。需要注意的是，具体的会员福利可能会根据会员等级和不同的会员套餐而有所区别，用户可以根据自己的需求选择合适的会员服务。

5.4 视频号

视频号的内容以视频和图片为主，还可以带上文字及公众号文章链接，并支持点赞、评论等互动形式。2023 年，视频号上线了创作分成计划。

5.4.1 视频号的推荐机制

视频号的推荐机制是基于用户行为和内容特征的个性化推荐系统产生的。

（1）用户行为分析

平台会收集用户的观看历史及点赞、评论、分享等行为数据，并通过分析这些数据了解用户的兴趣和偏好；可能会使用机器学习和数据挖掘技术建立用户的兴趣模型。

（2）内容特征分析

平台会分析上传视频的内容特征，如标题、标签、描述、封面图片等；可能会使用自然语言处理及图像识别技术提取和理解视频的内容信息，并将其与用户的兴趣模型进行匹配。

（3）用户画像建模

平台会根据用户的行为和兴趣建立用户画像。用户画像是对用户的一系列特征和属性的描述，如年龄、性别、地理位置、职业等。这些画像信息可以帮助平台更好地理解用户的背景和兴趣，从而进行更精准的推荐。

（4）协同过滤

平台还可以使用协同过滤技术，根据用户的兴趣和行为找到与他们类似的其他用户，并推荐这些用户喜欢的视频。通过分析用户群体的行为模式，平台可以将用户的兴趣扩展到与他们类似的其他用户，并推荐他们可能感兴趣的视频。

（5）实时个性化推荐

平台会不断监测用户的行为和反馈，实时更新用户的兴趣模型和推荐结果。当用户浏览视频时，平台会根据用户的实时行为和兴趣，实时推荐相关的视频内容，以提供更好的用户体验。

总体而言，视频号的推荐机制是一个综合考虑用户行为、内容特征和用户画像的个性化推荐系统，旨在为用户提供符合其兴趣和偏好的视频内容。

5.4.2 视频号的涨粉技巧

根据上述视频号的推荐机制，我们可以梳理出一些视频号涨粉的技巧。

（1）提供有价值的内容

要创作并分享有趣、有用、有教育意义的视频内容，以吸引观众的兴趣和关注；要确保你的视频能够满足观众的信息或娱乐需求，让他们感到满意并愿意继续关注你的视频号。

（2）视频质量与创意

要注重视频的质量和创意，包括拍摄技术、剪辑、音效和视觉效果等方面。一个精心制作的视频能够吸引更多的观众，并让他们对你的内容产生好感。

（3）定期发布并保持活跃度

要建立稳定的发布频率，定期发布新的视频内容。保持活跃度对于吸引和保留观众至关重要。你可以制定发布计划，确保观众知道何时可以看到新的内容。

（4）社交媒体传播

要充分利用其他社交媒体平台（如微博、微信、抖音等）宣传和推广你的视频号；可以分享视频片段、预告或精彩截图，引导观众到视频号观看完整的内容，并鼓励观众在其他平台上分享你的视频。

（5）与观众互动

积极回应观众的评论和留言，与他们建立互动和连接。回答问题，解答疑惑，让观众感受到你的关注和关心。这种互动能够增强观众对你的视频号的忠诚度，并鼓励他们继续参与和支持。

（6）利用热门话题和趋势

关注当前的热门话题和流行趋势，将其融入你的视频内容中。这样做可以增加视频的曝光度，并吸引更多的观众关注和分享。

（7）合作与跨推

与其他视频号合作制作视频内容，相互跨推和宣传。通过合作，你可以扩大自己的观众群体，并从其他视频号的受众中吸引更多粉丝。

（8）SEO 优化

在视频标题、描述和标签中使用相关的关键词，提高视频在搜索引擎中的排名。这样做可以增加视频的曝光度，使更多人能够发现和关注你的视频号。

请注意，成功涨粉需要时间、耐心和持续的努力。除了以上技巧，关键还在于提供独特而有价值的内容，与观众建立真实的连接，并持续改进和创新。

5.4.3 视频号的推广渠道

视频号的推广渠道可以包括以下 3 个方面。

（1）内部推广

视频号平台内部提供了多种推广渠道，可以帮助视频内容获得更多的曝光和观众。这些推广渠道包括以下几点。

- 首页推荐：视频号可能会在首页推荐栏目中展示热门和优质的视频内容，吸引用户点击观看。

- 搜索推荐：通过搜索功能，用户可以根据关键词或标签搜索相关的视频号，平台可能会在搜索结果中推荐一些相关的视频号。

- 相关视频推荐：当用户观看某个视频时，平台会根据用户的兴趣和行为推荐相关的视频内容，增加视频号的曝光机会。

- 个性化推荐：根据用户的观看历史、兴趣和行为等数据，平台会利用个性化推荐算法向用户推荐符合其兴趣的视频内容。

（2）外部社交媒体推广

利用其他社交媒体平台推广视频号是一种有效的方式。我们可以在微博、微信、抖音、QQ 空间等社交媒体平台上分享视频号的内容和链接，吸引我们在其他平台的关注者转到视频号观看我们的视频。此外，我们还可以与其他社交媒体账号或个人合作，相互推广和跨平台宣传，扩大视频号的影响力。

（3）合作推广

与其他视频号、个人或机构进行合作推广也是一种有效的方式。我们可以选择与相关领域的视频号合作制作视频内容，相互宣传和推广。此外，与有影响力的公众号、博主等进行合作，让他们推荐我们的视频号，可以帮助我们快速扩大观众群体。

需要注意的是，视频号的推广需要有一定的策略和规划。除了选择合适的推广渠道，我们还应注意优化视频内容、与观众互动、提供有价值的内容等方面，以提高观众的黏性和留存率，从而实现更好的推广效果。

5.4.4 微信视频号的功能和版本变化

视频号是微信推出的短视频创作和分享平台，提供了一系列功能帮助用户创作、编辑和分享短视频内容。以下是一些微信视频号的功能和版本变化的示例。

（1）视频创作和编辑

微信视频号提供了视频拍摄、剪辑的功能，用户可以使用内置的工具拍摄视频、剪辑视频片段，添加滤镜、音效、字幕等，以制作精美的短视频内容。

（2）视频上传和分享

用户可以将自己制作的短视频上传到视频号平台，并通过微信进行分享；可以选择将视频公开分享给所有人，或者选择指定的好友或群组进行分享。

（3）视频号主页

每个视频号用户都有自己的视频号主页，用于展示和管理自己的短视频内容。用户可以在主页上设置头像、背景封面，编辑个人介绍，并展示自己的视频作品集。

（4）视频推荐和发现

微信视频号通过个性化推荐算法，根据用户的兴趣和行为，为用户推荐感兴趣的视频内容。用户可以在视频号的发现页面上浏览和探索热门、优质的短视频。

（5）视频互动和评论

用户可以在视频号上与其他用户进行互动和评论；可以点赞、评论和分享其他用户的视频，与其他用户进行交流和互动。

5.4.5　打通视频号带来的3大新机遇

视频号与其他新媒体平台组合可以放大变现势能。具体而言，打通视频号可以带来以下3大新机遇。

（1）跨平台传播

视频号的打通使内容可以跨平台传播，将视频内容扩展到包括微信、公众号、小红书、抖音等更多社交媒体平台和用户群体中，实现更广泛的曝光和传播。

（2）用户增长和粉丝互通

视频号的打通带来了用户增长和粉丝互通的机会。视频号可以吸引更多用户关注和观看视频内容，从而增加粉丝数量。同时，视频号与其他平台的打通也可以实现粉丝的互通，将不同平台的粉丝引流到视频号上，提升用户互动和粉丝数量。

（3）商业变现机会

打通视频号还为内容创作者带来了更多的曝光和商业合作机会，实现更多变现。通过与品牌、广告主的合作，可以在视频号上进行品牌推广、广告投放等形式的商业变现。

总体而言，视频号的打通为内容创作者带来了更广泛的传播渠道、粉丝互通和商业变现的机会。创作者充分利用视频号的打通，可以扩大影响力、增加粉丝数量，并获得更多的商业合作和变现机会。

5.5 快手

快手在诞生之初是一款制作、分享 GIF 图片的手机应用，后来从纯粹的工具应用转型为短视频社区，用于用户记录和分享生活。

5.5.1 理解中国的下沉市场

下沉市场是指三线以下城市、县镇与农村地区的市场。以下是快手对中国下沉市场的理解和应对措施。

（1）用户群体定位

快手针对下沉市场用户的特点和需求进行了深入的研究和分析。他们意识到下沉市场用户对轻松、欢乐、实用的短视频内容的需求较高，注重用户在短视频平台上的娱乐和社交体验。

（2）内容策略

快手通过精细化的内容运营和推荐算法，为下沉市场用户提供符合其兴趣和需求的内容。他们关注并扶持来自下沉市场的原创内容创作者，推广和呈现更多反映下沉市场生活和文化的短视频内容。

（3）用户参与和互动

快手鼓励下沉市场用户积极参与和互动，提供点赞、评论、分享等互动功能，增强用户的参与感和社交体验。他们还推出了一些有趣的活动和挑战，鼓励用户参与和创作短视频。

（4）社区建设

快手注重在下沉市场建立稳固的社区网络，通过用户群体的相互关注、关注"大V"等方式形成紧密的社交圈子。他们也鼓励用户在平台上建立和加入感兴趣的社群，增进用户之间的交流和互动。

（5）商业合作

快手积极与品牌、商家合作，为下沉市场用户提供优惠、折扣和购物等服务。他们通过社交电商、直播带货等方式，帮助品牌和商家直接接触下沉市场用户，并促进消费和交易。

通过上述措施，快手成功地吸引了大量下沉市场用户，成为中国下沉市场的领先短视频平台之一。他们的理解和应对措施推动了下沉市场的经济发展，也为下沉市场用户提供了娱乐、社交和消费的新机会。

5.5.2 快手的私域

在快手的运营策略中，私域是指建立和管理自有的用户关系和社群，以及直接与用户进行互动和沟通的场域。以下是快手在私域方面的一些举措。

（1）快手号

快手为用户提供了创建个人账号或机构账号的功能，即快手号。用户可以通过快手号发布短视频、互动社交、建立粉丝关系等。快手号成为用户在平台上的个人身份和社交载体，可以通过内容创作和互动与粉丝建立更紧密的联系。

（2）快手社群

快手鼓励用户在平台上建立和参与感兴趣的社群。用户可以创建专门的话题或主题社群，与其他用户分享兴趣、经验和知识，进行互动和讨论。这种社群互动的形式增加了用户之间的连接和黏性。

（3）私信功能

快手提供了私信功能，允许用户之间进行一对一的私密对话。用户可以通过私信与粉丝或其他用户进行交流、互动、分享内容等，加强彼此的互动和关系。

（4）直播互动

快手的直播功能提供了实时互动的平台。用户可以在直播中与主播进行互动，通过弹幕、点赞、赠送礼物等方式表达对主播的支持和喜爱。直播互动加强了用户与主播之间的连接和互动体验。

（5）社交电商

快手积极发展社交电商业务，通过直播带货和社交推荐等方式将商业和社交结合起来。用户可以在平台上购买商品、参与团购等，与商家建立更紧密的消费关系。

通过以上私域策略，快手不仅建立了用户与用户之间的互动和社群关系，还加强了用户与平台、用户与主播、用户与品牌之间的连接。这有助于提高用户的参与度、黏性和忠诚度，进一步推动了快手平台的发展，提升了用户活跃度。

5.5.3 快手的直播江湖

快手的直播江湖是指快手平台上的直播内容和互动社区。作为中国领先的短视频和直播平台之一，快手的直播江湖充满了各种各样的内容和活动。以下是快手直播江湖的一些特点和亮点。

（1）主播和粉丝互动

快手直播江湖为主播和粉丝提供了一个实时互动的平台。主播可以通过直播与粉丝进行实时互动，如回答问题、展示才艺、分享生活等。粉丝可以通过送礼物、发送弹幕、参与互动游戏等方式与主播互动，增强用户的互动体验和参与感。

（2）才艺展示和表演

快手直播江湖涵盖了各种各样的才艺展示和表演。主播可以展示自己的歌唱、舞蹈、相声、绘画、手工等才艺，吸引观众的关注和支持。快手直播江湖成了许多才艺爱好者展示自己才华的舞台。

（3）互动游戏和挑战

在快手直播江湖中，有许多互动游戏和挑战活动。主播可以发起各种有趣的游戏、挑战和竞赛，与粉丝一起参与，增加互动和娱乐性。

（4）线下活动和见面会

快手直播江湖不仅存在于线上，还会有一些线下的活动和见面会。主播与粉丝可以通过线下活动相见，进行面对面的交流和互动，增进彼此的关系。

（5）直播带货和商业合作

快手直播江湖也是商业合作和直播带货的重要场所。许多主播通过直播展示商品、分享购物心得，并进行实时的销售和推广。快手与品牌、商家合作，为主播提供商业机会，加强商业与直播的融合。

快手直播江湖的特点在于丰富多样的内容和互动形式，吸引了广大主播和粉丝的参与。它不仅为用户提供了娱乐和互动的平台，也为主播和商家提供了商业机会。这使快手的直播江湖成为一个繁荣活跃的社区，吸引了大量用户和创作者的关注和参与。

5.5.4 快速收获大量粉丝的起号秘诀

在快手平台上起号,要想快速收获大量的粉丝,我们可以考虑以下几个关键因素。

(1)确定受众和定位

首先,我们要明确自己的目标受众是谁,了解他们的兴趣、需求和喜好;然后,在起号时确定明确的定位,选择一个独特的主题或领域,以吸引目标受众的关注。

(2)提供优质内容

提供高质量、有趣、有价值的内容是吸引粉丝的关键。我们可以创作原创、独特的内容,关注时事热点、流行趋势,制作精美的视频,以吸引观众的注意和共鸣。

(3)深入社交互动

我们可以积极参与社交互动,与观众建立联系;回复观众的评论和留言,与他们进行互动和交流,增强与粉丝的连接和忠诚度;还可以参与相关社群和讨论,扩大影响力和知名度。

(4)持续更新和发布频率

保持持续的更新和发布频率是吸引粉丝的关键。我们可以定期发布新的内容,保持活跃度,让粉丝期待和回归我们的频道。

(5)广泛推广和合作

利用其他社交媒体平台、网站、社群等进行广泛的推广。

与其他主播、媒体、品牌等进行合作和交流，扩大曝光度和影响力。

（6）利用平台推广工具

利用快手平台提供的推广工具，如标签、话题、直播、热门推荐等，增加视频的曝光和推广机会。

（7）不断优化和改进

我们要不断学习、分析观众的反馈和数据，了解他们的喜好和偏好，进行相应的调整和改进。

请注意，快速收获大量粉丝是一个持续努力的过程，我们需要不断地创作优质内容并积极互动和推广。总之，建立稳定、忠诚的粉丝群体需要时间和努力，我们需要持之以恒地保持活跃度和关注用户需求。

5.5.5　快速提升直播人气的小妙招

在快手平台，要快速提升直播人气，我们可以尝试以下小妙招。

（1）引人注意的开场

在直播开始时，通过一个引人注意的开场吸引观众的注意。我们可以使用有趣的开场白、精彩的视频片段或互动问题，让观众主动参与。

（2）丰富多样的内容

提供丰富多样的内容，包括有趣的游戏、挑战、讨论话题、讲述故事、展示才艺等。我们应不断创新和尝试新的内容形式，让观众保持兴趣和期待。

（3）与观众互动

积极与观众进行互动，回答观众的问题、评论和留言。我们可以通过弹幕、送礼物、提问等方式与观众进行互动，增强观众的参与感和黏性。

（4）社交媒体宣传

在其他社交媒体平台上宣传直播，利用微信、微博、抖音等平台的关注者和粉丝，引导他们观看直播。我们可以发布预告、精彩片段或直播亮点，吸引更多观众参与。

（5）增加互动环节

在直播中增加一些互动环节，如抽奖、投票、答题等。观众参与这些互动环节，能够增加他们的参与度和留存时间。

（6）持续的直播时间

增加直播的时间长度，给观众更多的机会参与和观看。长时间的直播能够吸引更多的观众，提升人气。

（7）合作和跨界互动

与其他主播或明星进行合作或跨界互动，共同进行直播活动。这样可以吸引对方的粉丝来观看，扩大直播的受众范围。

（8）关注直播质量

确保直播的画面质量和声音质量良好，提供良好的观看体验。我们可以使用高质量的摄像、麦克风等设备，以及稳定的网络连接，保证直播的流畅性和清晰度。

请记住，快速提升直播人气需要不断的努力和创新。我们只有关注观众的需求和反馈，持续改进和优化直播内容，与观众建立良好的互动关系，才能够吸引更多的观众并提升人气。

5.6 微信公众号

微信公众号的用途十分广泛，政府、企业、媒体、明星都建立了各自的微信公众号，以进行宣传和营销。

5.6.1 微信公众号依旧值得做

基于以下原因，微信公众号是依旧值得做的。

（1）巨大的用户基础

微信是中国最大的社交平台之一，拥有庞大的用户基础。通过微信公众号，我们可以接触到数以亿计的活跃用户，扩大品牌知名度和影响力。

（2）优质内容传播平台

微信公众号提供了一个优质内容传播的平台。我们可以通过发布高质量的图文等形式与用户进行内容互动和传播，吸引粉丝关注。2022 年新榜的数据显示，与其他内容平台相比，微信公众号在原创内容板块的获赞比是最高的（见图 5-1）。

（3）品牌塑造和推广

通过微信公众号，我们可以展示和塑造品牌形象，传递企业文化和价值观；可以通过定期发布与品牌相关的内容，增加

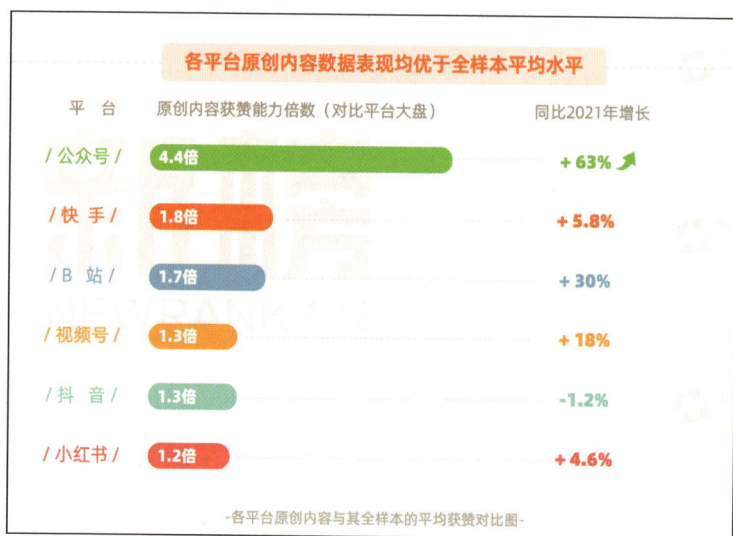

图 5-1　微信公众号等平台原创内容获赞能力倍数对比

用户对品牌的认知和认同。

（4）营销和推广渠道

微信公众号提供了丰富的营销和推广渠道，我们可以利用微信公众号的各种功能，如推送消息、投放广告、线上活动等，与用户进行互动，推广产品和服务。

（5）数据分析和用户洞察

微信公众号提供了丰富的数据分析工具，我们可以运用这些工具了解用户的行为、兴趣和偏好。通过分析这些数据，我们可以更好地了解目标受众，优化内容策略和营销活动。

（6）商业变现机会

微信公众号也提供了一些商业变现机会，如广告合作、品牌推广、内容付费等。通过与品牌、商家合作，我们可以获得一定的商业收益。

尽管社交媒体的形式和渠道在不断变化，但微信公众号作为微信平台的核心应用之一，仍然是企业和个人进行品牌建设、内容传播和营销推广的重要工具。通过提供有价值的内容、与用户进行互动和建立关系，微信公众号仍然能够为我们的品牌和业务带来可观的收益和影响力。

5.6.2　私域流量的大本营

微信公众号是私域流量的大本营，主要基于以下几个原因。

（1）用户关系建立

微信公众号可以实现与用户的一对多互动。用户主动关注微信公众号后，微信公众号主理人可以通过推送消息、留言评论等方式与用户建立关系，并通过持续的互动和内容传播加强用户的黏性和忠诚度。

（2）粉丝积累和管理

微信公众号的关注者即粉丝。通过不断地发布优质内容、开展互动活动和粉丝运营，微信公众号可以吸引更多的用户关注并成为粉丝。同时，微信公众号提供了粉丝管理工具，方便对粉丝进行分类、加标签、分组等管理，实现更精准的营销和推广。

（3）数据获取和分析

微信公众号提供了丰富的数据分析工具，可以获取用户行为、互动等数据，从而了解用户的兴趣、偏好和需求。通过数据分析，品牌可以进行用户画像和精准营销，更好地满足用户需求。

（4）高转化率和营销效果

微信公众号可以实现精准的用户推送和互动，对产品、活动等的推广和营销具有更高的转化率和更好的营销效果。通过定向推送、活动引导等方式，可以快速吸引用户参与和转化为付费用户。

（5）长期用户沉淀

与其他平台相比，微信公众号用户的长期沉淀和留存率较高。用户关注微信公众号后，由于可以随时接收到更新和推送的内容，所以与微信公众号建立的关系较为稳定，对品牌的认知和关注更持久。

综上所述，微信公众号作为微信平台的核心应用之一，具备与用户建立关系、精准推送内容、数据分析等优势，能够成为私域流量的大本营，实现持续的用户互动和精准营销。

5.6.3　微信公众号的粉丝单价较高

微信公众号的粉丝单价相对较高的原因主要包括以下几点。

（1）精准的目标用户

微信公众号的用户关注是主动的，用户通过关注微信公众号表达了对内容或品牌的兴趣和认可。因此，微信公众号的粉丝相对于其他平台的用户更具有精准性，更有可能成为品牌的忠实用户和消费者。

（2）高参与度和互动性

微信公众号具有良好的用户互动和参与性，用户可以通过留言评论、点赞、转发等方式与微信公众号进行互动。这种互动性可以帮助品牌与粉丝建立更紧密的关系，增强用户的黏性和忠诚度。

（3）有效的推广渠道

通过微信公众号的推广渠道，品牌可以直接向粉丝推送内容、产品或服务信息，实现精准的推广。与其他广告渠道相比，微信公众号的推送更有针对性，可以更好地吸引目标用户的注意力和参与。

（4）数据分析和粉丝管理

微信公众号提供了丰富的数据分析工具，品牌可以通过分析粉丝的行为、偏好等数据更好地了解目标用户，并有针对性地进行粉丝管理和运营。通过精细化的粉丝管理和个性化的推送，可以提高粉丝的活跃度和购买意愿。

（5）长期用户价值

相对于一次性的购买或交易，微信公众号的粉丝具有更长期的用户价值。粉丝关注微信公众号后可以持续接收品牌的信息和内容，形成更稳定的用户关系。这种长期用户关系可以为品牌带来更多的重复购买、品牌推荐和口碑传播。

综上所述，微信公众号的粉丝单价之所以相对较高，是因为微信公众号拥有精准的目标用户、高参与度和互动性、有效的推广渠道、数据分析、粉丝管理及长期用户价值等优势。品牌通过与粉丝建立紧密的关系和提供有价值的内容，可以最大程度地发挥微信公众号的粉丝营销潜力。

5.7 知乎

知乎是一个知识分享和交流社区平台，旨在帮助用户获取高质量的信息、分享经验和观点，以及解答各种问题。

5.7.1 知乎的前生今世

前世

（1）创立初期

知乎成立于 2011 年，由周源等人创建。当初的知乎定位为社交问答平台，鼓励用户分享自己的知识和经验，并通过问答的形式进行交流和互动。

（2）高品质内容

一直以来，知乎注重提供高质量的内容，鼓励用户提供有深度、有见解的回答。这使知乎逐渐吸引了一批专业人士、领域专家和各学科知识爱好者的参与，形成了知识分享的社区。

今生

（1）扩展内容形式

随着不断发展，知乎逐渐拓展了内容形式，包括文章、专栏、视频等。用户可以通过撰写长文、开设专栏或上传视频分享自己的知识与见解。

（2）社交互动功能

为了增强用户的社交互动体验，知乎引入了关注、赞同、评论等功能。用户可以关注感兴趣的话题、专栏作者或其他用户，与他们进行互动交流。

（3）话题聚焦和推荐

知乎通过话题分类和推荐算法，将用户感兴趣的内容聚集在一起，并推荐给用户。这使用户可以更方便地浏览自己感兴趣的话题和领域。

（4）商业化发展

为了实现商业化运营，知乎逐渐引入了广告和付费内容等形式的变现方式。同时，知乎还推出了知乎 Live（直播）和知乎专栏付费订阅等功能，为内容创作者提供了更多的收益渠道。

总体来说，知乎从简单的社交问答平台发展成了知识分享和交流的综合社区。通过提供高品质的内容和社交互动功能，知乎吸引了大量的用户参与，并成为一个广受欢迎的知识平台。

5.7.2 知乎如何选择爆款问题

知乎选择爆款问题，主要是从以下几个角度入手。

（1）用户需求和兴趣

知乎会分析用户的浏览、搜索、点赞、评论等行为数据，了解用户的关注点和热门话题，从而选择与用户需求和兴趣紧密相关的问题供用户讨论。

（2）话题热度和时事事件

对于一些突发事件、社会热点或热门娱乐话题，知乎可能会优先选择与之相关的问题，以吸引更多的用户关注和参与。

（3）专家资源和领域知识

知乎非常鼓励专业人士、领域专家和各学科知识爱好者的参与，因此会格外关注专家资源和学科知识。知乎可能会邀请相关领域的专家回答问题，提供高质量和权威性的内容，从而吸引更多的用户关注和讨论。

（4）用户互动和分享潜力

知乎会关注用户对某个问题的互动和分享潜力。如果一个问题具有较高的讨论和分享活跃度，就有可能成为爆款问题。平台会通过监测问题的回答数量、点赞数、评论数及被分享的次数等指标评估问题的潜力。

（5）平台推荐和编辑策略

知乎还会根据自身的推荐算法和编辑策略选择爆款问题。推荐算法会根据用户的个人兴趣和行为习惯，为用户推荐相关的问题。编辑团队也会通过策划和推荐一些热门问题，提高其曝光度和吸引力。

需要注意的是，知乎选择的爆款问题并非完全确定和可预测的，因为用户兴趣和社会热点随时都可能变化。知乎会不断优化算法和策略，以提供更符合用户需求和时事动态的问题进行推荐。

5.7.3 知乎的 5 种变现方式

知乎作为知识分享和交流社区平台，具有多种变现方式。以下是知乎常见的 5 种变现方式。

（1）广告变现

知乎可以通过在平台上展示广告实现变现。广告商可以在知乎上投放广告，包括品牌广告、植入式广告和内容合作广告等。知乎根据广告的展示量、点击量或转化效果等指标向广告商收取费用。

（2）自媒体变现

知乎十分鼓励用户成为自媒体创作者，通过撰写优质的文章或专栏吸引读者和粉丝。自媒体创作者可以通过广告分成、付费订阅、赞赏打赏等方式获得收益。知乎提供了自媒体变现的工具和功能，让创作者能够直接从他们的内容中获得经济回报。

（3）知识付费服务

知乎推出了知识付费服务，允许用户购买专业知识和高质量内容。创作者可以开设付费专栏、提供付费问答等形式的知识服务，并通过用户的付费获得相应的收益。

（4）线下活动和会员服务

知乎通过举办线下活动和提供会员服务，为用户提供更多的交流和学习机会。知乎会举办行业峰会、知识沙龙等活动，用户可以购买门票参加。此外，知乎还提供付费会员服务，会员可以享受一些独家特权和额外的服务。

（5）商务合作和授权

知乎会与企业进行商务合作和授权，包括品牌合作、内容授权和定制化服务等。企业可以通过与知乎合作推广品牌或授权内容，实现品牌宣传和推广效果，并为知乎带来商业收益。

同样，以上变现方式可能不适用于所有用户，创作者一定要根据自身情况设计最适宜的变现方式。

5.7.4　知乎内容的投流方式

在知乎上进行内容投放，主要可以通过以下几种方式获取流量。

（1）优质回答

通过在相关问题上提供高质量的回答，吸引其他用户关注和阅读。回答应该具有深度、观点明确，并提供有价值的信息和见解。

（2）热门话题参与

关注当前热门的话题，及时参与讨论并提供有意义的回答或评论。热门话题往往能够吸引更多的用户关注和讨论，提高内容的曝光度和流量。

（3）发布优质文章或专栏

撰写高质量的文章或开设专栏，并通过分享和推广获取流量。文章或专栏应该有具备吸引力的标题、清晰的结构和有趣的内容，才能够引起读者的兴趣和关注。

（4）话题关注和推送

关注自己感兴趣的话题，订阅相关的专栏或作者，以获取相关内容的推送。通过定期阅读和参与讨论，提高自己在该领域的知名度，并吸引其他用户的关注。

（5）知乎广告

使用知乎广告平台，通过投放广告获取流量。内容创作者可以选择合适的广告形式，如品牌广告、植入式广告等，根据目标受众和内容定向投放广告，以增加内容的曝光和点击量。

（6）社交分享和推广

利用社交媒体平台，如微信、微博等，将自己在知乎上的内容分享给更多人。内容创作者可以通过个人账号或公众号等方式进行分享和推广，吸引更多用户点击和阅读。

需要注意的是，知乎注重内容质量和用户体验，因此投放流量的方式要符合平台的规范和社区准则。内容应该真实、有价值，不应包含违法、违规或低质量的信息。此外，积极参与知乎社区和建立良好的互动关系也是获取流量的重要方式之一。

06

第 6 章

内容营销

本章要点预览

✦ 通过创作和分享有价值的内容吸引并留住目标受众，从而实现品牌推广和业务增长的目标，达到内容营销的效果。

✦ 企业家应该打造自己的新媒体账号，它是品牌形象的一部分，将知识、经验、价值观等个人特质与品牌紧密结合，形成独特的品牌形象和影响力。

✦ 企业家需要清楚地传达产品或服务的优势，解释为何选择他们的品牌可以获得实际价值和回报。

✦ 追求盈利要建立持久的客户关系，企业家需要注重客户满意度和忠诚度，通过提供卓越的客户体验和增值服务，促使客户再次购买并成为品牌的忠实支持者。

✦ 设计营销事件可以采取产品发布活动、品牌合作活动、社交媒体挑战或活动、慈善活动、线下展览或体验活动、网络直播活动等策略。

6.1 "内容 +"

"内容 +"是指在内容营销中围绕品牌展开的整个内容策划和呈现体系。内容营销中的"内容 +"涵盖了许多增强内容吸引力和影响力的要素。下面详细介绍常见的"内容 +"要素，帮助你更好地理解如何通过多种方式提供丰富的内容体验。

6.1.1 视觉设计和图像素材

视觉设计在营销中起着重要的作用，它可以帮助品牌传达信息、引起注意、塑造品牌形象和吸引目标受众。图像素材是视觉设计中常用的元素之一，包括照片、插图、图标、图表和其他视觉元素。以下是进行视觉设计和收集图像素材时需要考虑的一些重要因素。

（1）品牌一致性

视觉设计应与品牌形象保持一致，包括品牌的标志、色彩、字体和风格。这有助于建立品牌的视觉识别度，并使品牌在不同渠道和媒体上保持一致性。

（2）目标受众

视觉设计应根据目标受众的喜好和偏好选择合适的图像素材。不同的受众群体可能对不同类型的图像有不同的反应，因此创作者需要了解目标受众的特点和兴趣，以便选择能够引起关注和共鸣的素材。

（3）内容呈现

视觉设计应与营销内容相互配合，共同传达信息和故事。图像素材可以用于补充和增强文字内容，使信息更有吸引力和易于理解。图表和图形可用于清晰地展示数据和统计信息。

（4）原创性和版权

使用原创的图像素材可以帮助品牌建立独特性和独特的形象。同时，要确保使用的素材符合知识产权法的规定，避免侵犯他人的知识产权。创作者可以使用自己的照片、插图，或与摄影师、插画师合作，或使用免版权的图像素材库。

（5）设计原则

视觉设计应遵循一些基本的设计原则，如对比、平衡、重复、对齐和空白。这些原则有助于提高设计的视觉吸引力和可读性等效果。

（6）多媒体适应

考虑到营销渠道的多样性，视觉设计应该适应不同的媒体和平台。图像素材可能需要调整尺寸、格式和分辨率，以适应不同的屏幕大小和显示要求。

视觉设计和图像素材是营销中不可或缺的组成部分，它们能够帮助品牌与目标受众建立情感联系、传递信息并增强品牌形象。通过精心选择和使用视觉设计元素，品牌可以创造出独特而吸引人的营销内容。

6.1.2　多媒体元素

多媒体元素是指在营销中使用的各种视听元素，如音频、视频、动画和交互式内容等。这些多媒体元素可以增强营销内容的吸引力、互动性和记忆性。以下是一些常见的多媒体元素的例子。

（1）视频内容

视频是一种强大的营销工具，可以用于产品演示、品牌故事讲述、客户案例分享等。通过视觉和声音的结合，视频能够更好地吸引观众的注意力，并传达信息和情感。它可以在网站、社交媒体平台、电视广告和线下活动中使用。

（2）音频内容

音频可以通过播客、音频广告、背景音乐等形式融入营销活动中。音频内容可以帮助品牌建立声音识别度，传达品牌声音和形象。音频广告可以在广播、流媒体平台和音频应用程序中播放，吸引听众的注意力。

（3）动画和漫画

动画和漫画是一种有趣且吸引人的多媒体元素，可以用于讲解复杂的概念、演示产品功能、创作品牌故事等。它们能够通过图像的动态变化和故事的叙述方式吸引观众，并传达信息和情感。

（4）交互式内容

交互式内容使用户能够与品牌互动，参与其中。这可以包括互动式网站、可定制的应用程序、应用程序内的互动组件、游戏和虚拟现实（VR）体验等。通过提供丰富的互动体验，品牌可以更好地吸引用户注意和参与。

（5）社交媒体滤镜和增强现实（AR）效果

社交媒体滤镜和 AR 效果是在社交媒体平台上使用的多媒体元素，它们可以让用户在自己的照片和视频中添加品牌相关的特效及效果，增加用户的互动和分享，提升品牌的曝光度和知名度。

多媒体元素的选择和使用应根据目标受众、品牌形象、营销目标及预算等因素进行评估。通过合理运用多媒体元素，品牌可以增强营销内容的吸引力和影响力，与目标受众建立更深层次的联系。

6.1.3　互动体验和参与度

互动体验和参与度是营销中至关重要的概念，涉及让受众积极参与、与品牌互动并与其建立联系的策略和方法。通过提供丰富、有趣和沉浸式的体验，品牌可以吸引受众的注意力，增加品牌认知度，建立品牌黏性，并促使受众采取进一步的行动。以下是关于互动体验和参与度的一些策略和实例。

（1）社交媒体互动

社交媒体平台提供了与受众互动的机会，品牌可以通过提问、投票、调查、评论及回复等方式引发受众的参与和互动。这可以增加受众的参与感，促使他们与品牌建立更密切的联系，并分享品牌内容给他们的社交圈。

（2）线上活动和比赛

品牌可以组织线上活动和比赛，如用户生成内容（UGC）比赛、摄影比赛等。通过鼓励用户参与、提交创意或完成任务，品牌可以激发受众的积极性和创造力，并增加他们与品牌的互动和参与度。

（3）个性化互动体验

个性化互动体验可以增强受众的参与感。例如，品牌可以提供定制化的产品、服务或推荐，根据受众的个人偏好和需求进行个性化交互。这种互动体验可以提高受众的参与度，并增强他们与品牌之间的情感联系。

（4）VR 和 AR 体验

VR/AR 技术提供了沉浸式和互动性的体验。品牌可以利用这些技术创建虚拟展示、游戏、演示和体验，使受众能够与产品、品牌或故事进行互动，增加他们的参与度和参与感。

（5）现场互动

品牌可以组织活动、展会或现场体验，提供与受众互动的机会，包括互动展台、游戏、抽奖、现场表演、工作坊等。通过实时互动和参与，品牌可以与受众建立更紧密的关系，并提供独特的体验。

（6）UGC

品牌可以鼓励用户参与和创作内容，如通过 UGC 活动、社交媒体挑战、品牌故事分享等。UGC 可以增加受众的参与感和自我表达，并加强他们与品牌之间的联系。

通过提升互动体验和参与度，品牌可以促进受众参与互动、形成转化，并提升他们的忠诚度。这种方式可以推动品牌的成长和营销成功。

6.1.4　社交媒体整合和分享功能

社交媒体整合和分享功能是在营销中利用社交媒体平台的特性增强品牌影响力和推广内容的策略与方法。通过整合社交媒体和利用其分享功能，品牌可以与目标受众建立更广泛的联系并扩大曝光度。以下是一些社交媒体整合和分享功能的例子与方法。

（1）社交媒体图标和链接

在品牌的网站、电子邮件、博客或其他在线渠道中添加社交媒体图标和链接。这使受众可以轻松地点击图标或链接，访问品牌在社交媒体平台上的账号和内容。

（2）分享按钮和插件

在品牌的网站、应用程序或内容页面上添加社交媒体分享按钮和插件。这些按钮和插件允许受众一键分享品牌的内容到他们的社交媒体账号，将品牌信息传播给更多人。

（3）创造可分享的内容

在品牌的营销内容中创造有趣、有价值和引人注目的内容，激发受众的分享欲望。这可以是有趣的视频、引人入胜的故事、独特的图像或引发讨论的话题。通过提供可分享的内容，品牌可以扩大自身的曝光度和影响力。

（4）社交媒体广告

利用社交媒体平台的广告功能，将品牌的广告内容展示给目标受众，并提供分享、评论和转发的选项。这样，受众可以将品牌的广告内容分享给自己的社交圈，进一步扩大品牌的传播范围。

（5）用户生成内容

鼓励用户生成内容，并提供分享到社交媒体的选项。例如，品牌可以组织 UGC 活动，要求用户分享他们与品牌相关的照片、视频或故事。这些用户生成的内容可以在社交媒体上分享，并帮助品牌增加曝光度和社交媒体参与度。

（6）社交媒体整合活动

在品牌的营销活动中整合社交媒体元素，例如，通过社交媒体上的投票、抽奖、挑战或话题讨论等形式与受众互动。这些活动可以促使受众在社交媒体上分享自己与品牌相关的内容，并增加品牌的曝光度和参与度。

通过整合社交媒体和利用其分享功能，品牌可以将自己的内容推广给更广泛的受众，增强品牌的知名度和影响力。这种社交媒体整合和分享策略可以加强品牌与目标受众的联系，促进品牌的增长和成功。

6.1.5　打造个性化定制和用户体验

打造个性化定制和用户体验是在营销中关注和满足目标受众个体需求的策略及方法。通过提供个性化的产品、服务和交互体验，品牌可以提升用户的参与度、忠诚度和满意度。以下是一些与打造个性化定制和用户体验相关的例子及方法。

（1）个性化推荐和建议

根据用户的喜好、兴趣和行为数据，品牌可以向用户提供个性化的推荐和建议。例如，基于用户的购买历史和浏览行为向其推荐相关产品或服务。这样可以提高用户对推荐内容的兴趣和购买意愿。

（2）定制化产品和服务

品牌可以提供定制化产品和服务，以满足用户的需求和偏好。例如，提供定制化的产品设计、定制化的服务套餐或个性化的购物体验。这种个性化定制可以增加用户的满意度和忠诚度。

（3）个人化沟通和互动

通过个人化的沟通方式与用户进行互动，可以增强用户体验。这可以包括使用用户的姓名、向其发送个性化的电子邮件或短信，或在社交媒体上回复用户的评论和提问。个人化沟通可以增强用户对品牌的关注和参与度。

（4）响应式网站和应用程序设计

确保品牌的网站和应用程序在不同设备上具有响应式设计，以适应用户的屏幕大小和设备类型。这样可以提供更好的用户体验，并让用户能够轻松地浏览和使用品牌的在线内容和功能。

（5）用户参与和反馈

鼓励用户参与品牌的决策和反馈过程，以增强用户的参与感和忠诚度。例如，通过用户调查、反馈表单、社交媒体投票或用户测试等方式收集用户的意见和建议。这样可以让用户感到自己的声音被重视，并参与品牌的发展过程。

（6）用户体验设计

将用户体验放在品牌设计和开发的核心位置。通过深入了解用户的需求和行为，优化品牌的产品、界面和交互设计，提供简单、直观和愉悦的用户体验。良好的用户体验可以提高用户满意度和忠诚度。

通过加强个性化定制和提升用户体验，品牌可以建立更紧密的联系，并提供与用户个体需求相匹配的价值和体验。这种关注个体用户的方式可以提升用户参与度、忠诚度和品牌认可度，推动品牌影响力的增长和品牌取得成功。

6.1.6 故事叙述和情感共鸣

故事叙述和情感共鸣是营销中常用的策略。通过讲述故事和引发情感共鸣，品牌可以打动受众的心灵，建立深刻的连接和情感联系。以下是一些关于故事叙述和情感共鸣的例子及方法。

（1）品牌故事

讲述品牌的故事，包括品牌的起源、核心价值观、使命和愿景等。通过真实、有趣和感人的故事，品牌可以与受众分享自己的价值观和目标，引发受众的情感共鸣。

（2）用户故事

分享用户与品牌之间的真实故事和经历。这些故事可以突出用户的挑战、成长和成功，并展示品牌在其中扮演的积极角色。用户故事可以激发其他用户的共鸣和情感连接。

（3）品牌使命和社会责任

讲述品牌追求的使命和承担的社会责任。通过展示品牌关心社会和环境问题，以及与其相关的故事和成就，品牌可以引发受众的情感共鸣和支持。

例如，我的学员——左印国际美育教育创始人陈学燕在她自己的视频号"陈学燕－美育研究者"里发布了视频"28年坚持和热爱"，其核心内容就是说"20多年来，我只做一件事，就是教孩子们画画"。这是她的品牌使命，也是她毕生的愿景。

（4）情感化的营销内容

在营销内容中注入情感元素，如幽默、感人、温馨或励志的故事。这样的内容能够引起受众的情感共鸣，增强他们与品牌的情感连接，并促使他们采取进一步的行动。

（5）受众参与和故事共创

通过鼓励受众参与故事的创作和共享，建立与他们的互动及合作关系。例如，品牌可以组织故事征集活动，邀请受众分享自己与品牌相关的故事。这样可以加强受众与品牌之间的情感共鸣。

（6）使用情感化的语言和视觉元素

在品牌的营销材料中使用情感化的语言和视觉元素，包括温暖的词语、引人注目的图像、感人的音乐等，以打动受众的情感。通过情感化的元素，品牌可以激发受众的情感共鸣和情感连接。

通过加强故事叙述和情感共鸣，品牌可以创造深刻的情感体验，建立与受众的真实联系，增加品牌的认可度和影响力。这种情感连接可以促使受众对品牌产生积极的情感反应，并进一步提升他们的忠诚度和参与度。

6.2 企业家需要做自己的新媒体账号

对于企业家来说，建立自己的新媒体账号是非常重要的。通过自己的新媒体账号，企业家可以将自己的知识、经验、价值观等个人特质与品牌紧密结合，形成独特的品牌形象和影响力。过去，企业家都在幕后；如今自媒体时代，企业家都到了台前，如董明珠、俞敏洪等。那么，为什么企业家需要做自己的新媒体账号呢？

6.2.1 提升品牌认可度和可信度

企业家作为品牌的代表，拥有独特的专业知识和经验。通过建立自己的新媒体账号，企业家可以展示自己在行业中的权威性和专家地位，从而提升品牌的认可度和可信度。消费者更愿意与具有专业知识和信誉的企业家及其品牌进行合作。

企业家建立自己的新媒体账号，为品牌提升认可度和可信度，具体可从以下 5 个方面入手。

（1）个人品牌建设

企业家可以通过个人品牌建设，包括参与行业研讨会、发表专业文章、担任演讲嘉宾等方式，展示自己的专业知识和见解。这样可以提升企业家在行业中的权威性和专业声誉，进而提升品牌的认可度和可信度。

（2）个人形象塑造

企业家作为品牌的代表人物，其个人形象对品牌的认可度和可信度有重要影响。通过精心塑造个人形象，包括穿着得体、言行举止得体、在公众场合展示领导能力等，可以提升企业家的权威性和可信度，进而提升品牌的认可度和可信度。

（3）建立行业影响力

企业家可以积极参与行业的活动和社交，与其他业界专家和有影响力的人士建立联系及合作。通过建立良好的行业影响力，企业家可以提升自己在行业的知名度和认可度，进而为品牌赢得更多的信任和支持。

（4）真实故事叙述

企业家可以通过讲述自己的创业故事、经验和挑战，与消费者建立情感共鸣和连接。通过讲述真实而动人的故事，企业家可以展示自己的诚信和勇气，提升品牌的认可度和可信度。

（5）专业知识分享

企业家可以通过博客、专栏、社交媒体等渠道分享自己的专业知识和见解，为消费者提供有价值的内容和建议。通过分享有益的信息，企业家可以树立自己在行业中的专业形象，提升品牌的认可度和可信度。

通过建立自己的新媒体账号，企业家可以成为品牌的有力代言人，提升品牌的认可度和可信度，为品牌的发展和成功打下坚实的基础。

6.2.2 塑造个人形象和故事

塑造个人形象和讲述个人故事是企业家新媒体账号的重要内容。通过分享个人经历、挑战和成功故事，企业家可以与受众建立情感连接，并传达自己的价值观和使命，树立自己的独特形象。这种情感共鸣有助于建立更深层次的品牌忠诚度和关系。以下是一些关于塑造个人形象和故事的方法及例子。

（1）诚实和真实

企业家应该以诚实和真实的态度对待自己的故事及经历。分享真实的挑战和失败，以及如何克服困难和取得成功的经历，可以增强受众的共鸣和信任。

（2）价值观和使命

企业家可以分享自己的核心价值观和使命，以及如何将这些价值观融入品牌的发展和运营中。这可以帮助受众了解企业家背后的动力和目标，进而建立情感连接。

（3）故事情节和情感元素

通过构建有吸引力的故事情节和注入情感元素，包括引人入胜的起承转合、情感起伏和令人难忘的时刻等，企业家可以吸引受众的注意力并引发情感共鸣。

（4）易于理解和共鸣的故事

故事应该通过简洁、易于理解的方式呈现，以便受众能够轻松地产生共鸣。关键是要通过故事传达核心信息和情感，使受众能够从中获得启发和情感连接。

（5）多媒体呈现

利用多媒体形式呈现个人故事，如文字、图像、视频等，可以增强故事的吸引力和共鸣效果，促进受众的参与和情感连接。

（6）受众参与和互动

鼓励受众通过社交媒体平台或在线活动等方式参与个人故事的创作和共享，可以促进受众的参与和品牌互动，进一步加强情感连接和忠诚度。

通过塑造个人形象和讲述个人故事，企业家可以与受众建立深层次的情感连接，树立自己的独特形象，并提升受众对品牌的认可度、信任度和忠诚度。

6.2.3　提升品牌差异化和竞争优势

在激烈的市场竞争中，建立企业家新媒体账号可以帮助品牌与竞争对手区分开。企业家的个人特质、经验和价值观赋予了品牌独特的个性，使其在市场上更有竞争优势。这有助于吸引目标受众，并建立品牌的独特定位。以下方法和策略可以帮助品牌实现这个目标。

（1）个人品牌定位

企业家可以通过塑造自己的个人品牌定位来区分品牌，包括确定自己在行业中的专业领域、独特的专业能力和价值主张。个人品牌定位可以与品牌的核心价值观及目标相匹配，帮助品牌建立独特的市场定位。

（2）个人风格和形象

企业家的个人风格和形象也是品牌差异化的重要方面。通过独特的风格和形象，企业家可以在受众中建立个人特色，并将其与品牌形象相结合。这有助于品牌在激烈的市场竞争中脱颖而出。

（3）利用个人专长和经验

企业家的个人专长和经验是品牌差异化的重要资源。通过展示自己的专业知识和经验，企业家可以建立自己在专业领域的权威性，并将其与品牌的核心业务相结合。这有助于品牌在市场中获得竞争优势。

（4）个人故事和情感连接

通过讲述个人故事和建立情感连接，企业家可以赋予品牌独特的人情味。这使消费者更容易与品牌产生共鸣，并与其建立关系。

（5）行业影响力和认可

企业家可以通过在行业中建立影响力和获得认可来提升品牌的差异化和竞争优势。这可以通过参与行业组织、获得奖项和荣誉、发表专业文章等方式实现。行业影响力和认可有助于品牌在市场中树立自己的地位，并为消费者提供独特的价值。

通过建立自己的新媒体账号，企业家可以为品牌赋予独特的个性和竞争优势。这有助于品牌在激烈的市场竞争中脱颖而出，并吸引目标受众的注意力，提升他们的忠诚度。

6.2.4 提供领导力和影响力

企业家作为行业的代表人物，能够通过演讲、文章、媒体采访等渠道分享自己的见解和观点，从而对行业和社会产生积极影响。这不仅有助于品牌的推广，还能够提升企业家在行业中的影响力和声誉。具体而言，企业家建立自己的新媒体账号，可以为品牌带来以下好处。

（1）行业权威

企业家作为行业的代表人物，具备丰富的专业知识和经验，能够成为行业的权威人士。通过分享见解和观点，企业家可以为品牌赋予行业领导力，使其成为引领行业发展的声音。

（2）影响行业动态

企业家通过媒体渠道或社交媒体分享自己的见解和观点，能够对行业动态和趋势产生影响。这样不仅能够提升企业家个人的知名度和声誉，也会增加品牌的曝光度和影响力。

（3）激励和启发

企业家通过分享自己的创业故事、成功经验和挑战，能够激励和启发其他企业家及创业者。这种领导力和影响力有助于建立品牌的良好形象，吸引更多的目标受众和合作伙伴。

（4）媒体关注和曝光

具有领导力和影响力的企业家通常能够吸引媒体的关注和报道。媒体的曝光有助于品牌在目标受众中建立认知和可信度，提升品牌的声誉和竞争力。

（5）建立业务网络

企业家通过展示自己的领导力和影响力，能够与其他业界专家、合作伙伴建立良好的业务网络。这有助于品牌在行业获得更多的合作机会和资源支持，进一步增强品牌的竞争优势。

通过展现领导力和影响力，企业家可以为品牌带来更广泛的市场认可和在消费群体中的影响力，提升品牌在目标受众和行业中的地位。这将促进品牌的收益增长和知名度提升，为企业带来更多的机会和发展潜力。

6.3　从追求传播到追求盈利

在内容营销中，企业家和品牌通常经历从追求传播到追求盈利的转变。最初，他们可能集中精力于传播品牌信息、吸引目标受众和建立品牌认可度。然而，随着业务的发展和市场竞争的加剧，追求盈利和商业可行性变得至关重要。以下是从追求传播到追求盈利的几个关键转变。

6.3.1　确定商业目标和策略

传播的目标是让更多人了解品牌和产品，而盈利的目标是将这些人转化为付费客户或增加销售收入。为了从内容营销中获得经济回报，企业家需要明确商业目标并制定相应的营销策略。以下是一些关键步骤和策略。

（1）确定商业目标

企业家应该明确商业目标，如增加销售收入、提高市场份额、扩大用户基础等。这些目标应该与内容营销活动相匹配，以确保资源得到有效利用。

（2）目标受众定位

了解目标受众的特征、需求和偏好，对于制定有效的营销策略至关重要。企业家可以进行市场调研和分析，以了解目标受众的行为模式和购买决策过程。

（3）内容策略优化

基于目标受众的特征和需求，企业家可以制定适合的内容策略，包括确定内容主题、格式、频率和渠道等。内容应该具有吸引力、有价值且与品牌形象相符，以吸引目标受众的注意力并引发购买欲望。

（4）实施转化和销售策略

内容营销的关键目标之一是将受众转化为付费客户或增加销售收入。为此，企业家可以采取多种策略，如提供优惠促销、引导受众进行购买决策、提供便捷的购买渠道等。此外，建立强大的营销自动化和客户关系管理系统也能提升转化率和销售效果。

（5）持续监测和优化

企业家应该持续监测营销活动的效果，并进行数据分析和评估。通过监测关键指标，如点击率、转化率、投资回报率等，可以了解营销活动的效果，并及时调整策略以优化结果。

综上所述，企业家在内容营销中需要明确商业目标，并制定相应的策略。关注目标受众、优化内容策略、实施转化和销售策略，并持续监测和优化营销活动，有助于实现从传播到盈利的目标。

6.3.2 优化受众定位和目标市场

在追求盈利时，企业家需要更加精确地了解目标受众的需求、偏好和购买行为。通过优化受众定位和目标市场，企业可以更有针对性地推出产品和营销活动，提高转化率和销售额。

优化受众定位和目标市场是实现营销盈利目标的重要一环。以下方法和策略可以帮助企业家更精确地了解目标受众，并优化受众定位。

（1）市场细分

将整个市场划分为更小的细分市场，以便更好地理解不同受众群体的需求和偏好。可以基于多个因素进行细分，如年龄、性别、地理位置、兴趣爱好等。每个细分市场具有独特的特征和需求，因此可以针对性地开展营销活动。

（2）受众调研

通过受众调研，企业家可以深入了解目标受众的购买行为、消费习惯、喜好和态度。这可以通过定性和定量研究方法进行，如访谈、问卷调查、焦点小组讨论等。调研结果将提供有关目标受众的宝贵洞察，指导产品开发和营销。

（3）个性化营销

根据受众的特征和需求，实施个性化营销策略，包括定制化的产品推荐、个性化的营销信息、定制化的购物体验等。通过个性化营销，企业可以更好地满足目标受众的需求，提高购买意愿和忠诚度。

（4）监测和分析数据

持续监测和分析数据是优化受众定位和目标市场的关键。通过分析受众行为数据，如网站流量、用户互动、购买行为等，可以了解受众的兴趣和偏好，进而优化产品定位和营销活动。

（5）不断改进和调整

优化受众定位是一个持续的过程。企业家应该根据市场反馈和数据分析结果，不断评估和调整受众定位策略，这样可以提高营销的效果和转化率。

通过优化受众定位和目标市场，企业家可以更加精确地了解目标受众的需求和偏好，并通过有针对性的产品和营销活动提高转化率和销售额。这将为企业的盈利能力提升和业务增长打下坚实的基础。

6.3.3 强调价值和利益

传播阶段通常侧重于品牌宣传和故事叙述，而盈利阶段需要更加强调产品或服务的价值和利益。企业家需要清楚地传达产品或服务的优势，解释为何选择他们的品牌可以带来实际价值和回报。以下是一些可以帮助企业家强调产品或服务的价值和利益的策略。

（1）强调独特卖点

确定产品或服务的独特卖点，并将其与竞争对手进行对比。突出产品或服务的特点和优势，让潜在客户清楚地了解选择你的品牌可以带来什么独特价值。

（2）提供解决方案

将产品或服务的功能和特性与解决目标受众的问题或需求相关联；说明选择你的品牌可以为客户提供解决方案，满足他们的需求，并提供实际的价值和利益。

（3）客户案例和证据

分享客户案例和成功故事，展示你的产品或服务如何为其他客户带来价值和利益。使用客户的实际反馈和证据，可以增强信任，促使潜在客户相信你的产品或服务能够实现他们的目标。

（4）试用和演示

提供产品试用或演示，让潜在客户亲身体验产品或服务的价值。通过让客户亲自感受到产品或服务的效果，可以更直观地展示其实际利益，并激发购买欲望。

（5）明确回报和投资回报率

解释选择你的品牌将带来的具体回报和投资回报率；说明客户将获得的效益和利润，并将其与投资的成本进行对比。这有助于潜在客户理解选择你的品牌是明智的决策，能够为他们带来实际的经济利益。

通过强调产品或服务的价值和利益，企业家可以更有说服力地传达产品的实际价值，并促使潜在客户进行购买决策。这将有助于实现从传播到盈利的转变，并增强企业的盈利能力。

6.3.4　设计具有销售导向的内容

从追求传播到追求盈利，内容的重点也会发生变化。在追求盈利阶段，企业家需要将重点放在设计具有销售导向的内容上，以激发受众的购买欲望并促成购买行动。以下是一些可以帮助企业家设计销售导向的内容的策略。

（1）产品演示和演绎

创作生动的产品演示视频或图文内容，展示产品的功能、特性和优势。通过演示产品的实际使用场景和效果，让受众更加了解产品的价值，并激发购买欲望。

（2）客户案例研究和推荐

分享客户案例研究和推荐，展示他们在使用你的产品或服务后取得的成果和效益。这可以建立社会证据和信任，让潜在客户相信你的产品或服务能够带来实际的商业价值。

（3）促销活动和优惠信息

提供独特的促销活动和优惠信息，如限时折扣、买一送一、免费赠品等。这可以创造紧迫感和购买动力，促使受众尽快采取行动，并购买你的产品或服务。

（4）产品对比和评估

提供产品对比和评估内容，将你的产品与竞争对手进行比较，并展示其优势和差异。通过说明你的产品在性能、质量、价格等方面的优势，让受众更有理由选择你的品牌。

（5）强调售后支持和保障

强调售后支持和保障措施，如售后服务、退换货政策、质保期等。这可以提高受众对购买的信心和安全感，减少购买风险，并促成购买决策。

通过设计有销售导向的内容，企业家可以更有针对性地引导受众进行购买行动。这需要将重点放在产品的实际价值、优势和购买动力上，以促使受众采取行动，并实现销售目标。

6.3.5 监测和优化营销绩效

在追求盈利的过程中，企业家需要更加关注对营销绩效的监测和优化。通过使用分析工具和数据指标，他们可以了解哪些营销活动和渠道带来了最佳的转化和回报，并进行相应的调整和优化。以下是一些可以帮助企业家监测和优化营销绩效的方法。

（1）设定明确的指标

确定关键的营销指标（如转化率、销售额、成本效益等），以衡量营销活动的绩效和效果。确保这些指标与你的商业目标对齐，并具有可衡量性和可追踪性。

（2）使用分析工具

利用各种分析工具（如灰豚、千瓜、社交媒体分析工具等）收集和分析数据。这些工具可以提供关于受众行为、流量来源、转化路径等方面的有价值的信息，帮助你了解营销活动的效果和用户互动。

（3）A/B 测试

通过进行 A/B 测试，比较不同的营销策略、广告创意或页面设计的效果。这可以帮助你确定哪种变体对于提高转化率和回报率最有效，并优化你的营销策略。

（4）受众反馈和调查

定期收集受众反馈的意见，了解他们对你的品牌和营销活动的看法。这可以帮助你发现潜在的改进点和机会，并进行相应的调整和优化。

（5）持续优化和改进

基于监测数据和反馈信息，不断优化你的营销策略和活动。试验不同的方法，寻找最佳实践，并不断改进你的营销方案，以提高转化率和回报率。

通过监测和优化营销绩效，企业家可以实时了解营销活动的效果，并根据数据和反馈做出相应的调整。这有助于提高营销活动的效率和效果，实现更好的销售业绩和回报。

6.3.6　建立持久的客户关系

追求盈利不仅仅是关注初次销售，还包括建立持久的客户关系和提高客户终身价值。企业家需要注重客户满意度和忠诚度，通过提供卓越的客户体验和增值服务，促使客户再次购买并成为品牌的忠实支持者。以下是一些可以帮助企业家建立持久的客户关系的方法。

（1）提供卓越的客户体验

确保客户在购买和使用产品或服务的过程中得到良好的体验。关注客户需求和反馈，提供个性化的解决方案，并确保客户的问题和疑虑得到及时解决。积极倾听客户的声音，并不断改进和优化产品及服务。

（2）提供增值服务和特权

为客户提供额外的价值和特权，如独家折扣、会员福利、定制化服务等。这可以提升客户对品牌的忠诚度，并激励他们进行重复购买。

（3）定期沟通和保持联系

与客户建立良好的沟通和联系，定期发送个性化的营销邮件、提供有用的信息和建议，以及回应客户的查询和反馈。保持与客户的互动，让他们感受到被重视和关心。

（4）专注于客户关怀和售后支持

建立完善的客户关怀和售后支持体系，确保客户在购买后能够获得及时的帮助和支持。关注客户的使用体验，提供培训、教育和技术支持，帮助客户充分利用产品或服务的潜力。

（5）建立社区或互动平台

创建一个客户社区或互动平台，让客户之间可以互相交流、分享经验和提供建议。这种社区可以促进客户之间的互动和共享，增强客户对品牌的认同感和忠诚度。

建立持久的客户关系，可以促进重复购买和口碑传播。这有助于增加客户的终身价值，并为企业带来稳定的销售和业务增长。

6.4 设计营销事件

设计营销事件是指企业或品牌有意识地策划和组织活动，旨在吸引目标受众、提升品牌知名度、促进销售和建立客户关系。以下是一些设计营销事件的常见策略和例子。

6.4.1 产品发布活动

企业在推出新产品或服务时，可以组织产品发布活动。以下是一些产品发布活动的例子和建议。

（1）举办盛大发布会

举办一场盛大的发布会，邀请媒体、行业专家、业内人士和目标客户参加。在发布会上展示产品的特点、功能和优势，并介绍其创新之处。演讲、产品展示、互动环节和嘉宾讲话都可以加入发布会的节目安排。

（2）演示和试用体验

在发布会上，为受众提供产品的实际演示和试用体验，让他们亲自感受产品的功能和性能，并有机会与产品团队进行交流和提问。这可以加强产品的可信度，并激发潜在客户的购买意愿。

（3）媒体合作和报道

与媒体建立合作关系，邀请记者和媒体代表参加发布会，并提供相关的新闻稿和媒体资料；确保媒体对产品发布活动进行报道，增加产品的曝光率和宣传效果。

（4）社交媒体营销

利用社交媒体平台扩大产品发布的影响力。在发布会前、期间和之后，通过社交媒体发布相关的内容、照片、视频等，与受众进行互动，并引导他们了解和关注产品。

（5）产品展示和展览

参加相关的行业展览、展会等活动，展示产品并与目标客户进行面对面的互动。这为产品的推广和销售提供了机会，并能够吸引潜在客户的关注。

（6）奖励和促销活动

在产品发布期间，提供特别的奖励和促销活动，如限时优惠、赠品或抽奖活动等，以吸引客户购买和参与。

通过这些活动，企业可以有效地宣传和推广新产品，吸引目标受众关注和购买。同时，与媒体和客户的互动也能够收集反馈和洞察，以进一步优化产品和营销策略。

6.4.2　品牌合作活动

与其他品牌合作举办联合推广，可以扩大品牌曝光度并吸引更多受众。例如，2023 年 5 月，茶饮品牌喜茶与奢侈品 FENDI 的联名一发布就上了热搜（见图 6-1），稳稳地赚了一

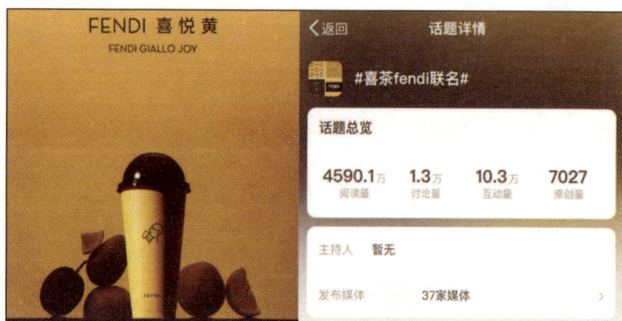

图 6-1　茶饮品牌喜茶与奢侈品 FENDI 的联名上热搜

大把流量。有消费者调侃道："人生第一个奢侈品是喜茶给的。"这样的合作就实现了"1 + 1 > 2"的效果。

以下是一些品牌合作活动的例子和建议。

（1）联合推广活动

与相关品牌合作，共同举办推广活动。例如，运动品牌与健身中心合作，组织健身挑战赛或促销活动。通过共同推广，双方可以互相增加曝光度，并吸引双方品牌的受众。

（2）联合产品或服务

与另一家品牌合作开发联合产品或服务，结合双方的优势和资源。这可以为消费者提供独特的价值和体验，并拓展品牌的市场份额。例如，汽车品牌与音响品牌合作，共同开发车载音响系统。

（3）联合营销活动

与其他品牌共同举办营销活动，如抽奖活动、优惠券分享、线上竞赛等。通过联合营销活动，可以吸引更多参与者，并提升品牌的曝光度和关注度。

（4）品牌赞助和合作

选择与目标受众相关的活动、赛事或社区项目进行赞助及合作。通过与活动主办方合作，可以将品牌与相关领域的权威性和专业性联系在一起，提高品牌的知名度和认可度。

（5）社交媒体合作

与其他品牌进行社交媒体合作，共同发布内容、举办活动或合作抽奖等。通过互相引荐和合作，可以扩大品牌在社交媒体上的影响力，并吸引更多的粉丝和受众。

在进行品牌合作活动时，需要确保与合作伙伴的品牌形象和价值观相符，并确保双方能够共同受益。同时，合作活动的宣传和推广也需要充分利用各种渠道，包括社交媒体等，以最大限度地扩大品牌的曝光度和影响力。

6.4.3　社交媒体挑战或活动

利用社交媒体的影响力和互动性，设计吸引人的挑战或活动。这可以是与品牌相关的有趣挑战，鼓励用户参与和分享，从而增加品牌曝光和用户参与度。以下是一些社交媒体挑战或活动的例子和建议。

（1）UGC 挑战

设计一个有趣的挑战，鼓励用户通过上传照片、视频或其他内容，展示他们与品牌相关的创意、技能或体验。这可以是与产品使用相关的挑战，或者是与品牌价值观相符的有趣挑战。鼓励用户在社交媒体上分享并标记与品牌相关的标签或账号，以增加品牌的曝光度。

（2）社交分享抽奖活动

设计抽奖活动，要求用户在社交媒体上分享与品牌相关的内容，如品牌产品的照片、品牌标志的创意照片等，并标记品牌相关的标签或账号。通过参与分享，用户可以有机会赢取奖品或享受特别优惠，激发用户的参与和分享意愿。

（3）故事分享活动

鼓励用户分享与品牌相关的真实故事或经历，可以是关于如何使用品牌产品改变生活的故事，或者与品牌价值观相符的感人故事。通过分享真实故事，可以引发其他用户的共鸣和参与，并增强品牌的认可度及亲和力。

（4）微博活动

在社交媒体平台上发布与品牌相关的有趣或有启发性的微博，并邀请用户在评论中回复或转发。这可以是一个趣味性问题、思考题或有关品牌的知识问答。通过与用户互动，可以提高品牌在社交媒体上的曝光度，并吸引用户的参与和关注。

（5）挑战赛活动

设计与品牌相关的挑战赛活动，鼓励用户参与竞争。这可以是技能挑战、创意挑战或品牌知识挑战等。通过参与挑战赛，用户可以展示自己的才能和创意，并与其他用户进行互动和竞争。

在设计社交媒体挑战或活动时，需要考虑活动的创意性、趣味性和与品牌的相关性。同时，确保活动规则简单明了，方便用户参与和分享，并充分利用社交媒体平台的功能和特点，以促进活动的传播和用户的参与。

6.4.4　慈善活动

组织慈善活动不仅可以为社会做贡献，还可以树立企业的社会责任形象。企业可以与慈善机构合作，举办募捐活动、志愿者活动或慈善赛事，将品牌与正面的社会影响关联起来。以下是一些与慈善活动相关的建议。

（1）募捐活动

组织募捐活动，呼吁员工、客户和社会大众捐款支持特定的慈善事业。企业可以设立捐款目标，并与慈善机构合作，确保资金用于有意义的项目和社会福利。同时，通过公开透明地展示募捐进展和资金使用情况，增强品牌的可信度和可靠性。

（2）志愿者活动

鼓励员工参与志愿者活动，支持社区服务、环境保护或其他慈善事业。企业可以组织团队志愿者活动，如清洁公园、义务教育等，展示自身的社会责任和员工的参与精神。这种活动不仅可以提高员工的凝聚力和满意度，还可以提升品牌的形象。

（3）慈善赛事

组织慈善赛事，如慈善跑步、骑行或篮球比赛等，邀请员工、客户和社会大众参与。通过参与赛事，人们可以为慈善事业筹集资金，同时享受健康和娱乐的活动。这种活动不仅可以提升品牌的知名度和形象，还可以增加社区和受众的参与度。

（4）公益合作

与慈善机构或非营利组织建立合作伙伴关系，共同推出公益项目。企业可以开展针对特定社会问题的倡导活动、教育项目或资源共享，通过合作推动社会变革和改善。这种合作可以提升品牌在社会责任领域的影响力和认可度。

总之，企业需要确保选择与自身价值观和业务领域相关的慈善活动，以确保活动的一致性和可持续性；同时透明地沟通和公开活动的目标、进展和成果，以建立信任和吸引更多参与者。

6.4.5 线下展览或体验活动

开展线下展览或体验活动是一种有效的营销策略，可以让消费者亲身体验和感受产品或服务的价值。这种活动可以激发目标受众的兴趣，提升品牌形象，并促进直接销售。以下是一些与线下展览或体验活动相关的建议。

（1）展览会

参加相关行业的展览会或贸易展，展示企业的产品或服务。通过展览会，企业可以与潜在客户、合作伙伴和行业专业人士进行面对面的交流，展示产品的特点和创新之处，并建立业务联系和合作机会。

（2）产品演示和体验

组织产品演示和体验活动，让消费者感受产品的功能、性能和优势。这可以是在商场、展厅或特定场地设置展示区域，让消费者试用、触摸或体验产品，了解其独特之处，并与销售人员进行互动和咨询。

（3）店面活动

在实体店面或专卖店组织活动，吸引顾客进入店内，增加购买意愿和转化率。门店可以举办产品推广活动、赠品促销或限时优惠活动，提供特殊的购物体验和福利，吸引目标受众前来参与。

（4）线下沙龙、讲座或研讨会

在线下举办行业相关的沙龙、讲座或研讨会，邀请专家或权威人士进行演讲和知识分享。通过这些活动，企业可以展示自己的专业知识和行业见解，吸引目标受众，并与他们建立深入的关系和信任。

（5）品牌体验中心

建立品牌体验中心，提供专门的场所，让消费者全面体验品牌的价值和文化。品牌可以设计各种互动展示、虚拟体验和沉浸式环境，让消费者在其中与品牌进行情感共鸣，并深入了解品牌的故事和理念。

在策划线下展览或体验活动时，企业需要确保活动的目标与品牌定位和目标受众相符；同时注重活动的创新性、趣味性和互动性，并通过适当的宣传和推广活动吸引目标受众的关注和参与。

6.4.6　网络直播活动

借助网络直播平台，组织线上的品牌推广活动。企业可以举办直播讲座、产品演示、专家问答等活动，吸引目标受众在线参与，并增加品牌的曝光和互动性。以下是一些网络直播活动的策略和例子。

（1）直播讲座或研讨会

企业邀请行业专家、知名讲师或内部专业人士进行在线直播讲座或研讨会。这些讲座可以涵盖行业趋势、专业知识、经验分享等内容，吸引目标受众参与并获得有价值的信息。

（2）产品演示和试用

通过直播平台展示和演示产品的特点、功能及使用方法。观众可以实时观看产品演示，并在直播过程中提问或索取更多信息。这种互动形式能够激发观众的兴趣，促使他们对产品产生购买欲望。

（3）专家问答和互动环节

设立专门的互动环节，邀请行业专家或企业内部人员回答观众的问题。观众可以在直播中提出问题，获得即时的解答和建议。这种互动形式能够增加观众的参与度，并提升品牌在目标受众中的专业形象和可信度。

（4）主题活动或挑战

设计有趣的主题活动或挑战，鼓励观众参与并分享自己的经历。这可以是与品牌相关的挑战，如创意比赛、抽奖活动等，以及与观众兴趣相关的主题活动，如美食烹饪、健身挑战等。通过这种方式，品牌能够增加与观众的互动，提升自身在社交媒体上的曝光度。

（5）线上销售活动和促销

利用直播平台进行线上销售活动和促销推广，如限时优惠、抢购活动、礼品赠送等，吸引观众参与并促使他们进行购买。

这种活动能够直接转化观众为付费客户，提高品牌的销售额。

在设计网络直播活动时，企业需要选择适合自己品牌和目标受众的平台，并提前做好准备工作，包括策划活动内容、准备所需设备和技术支持，以及推广宣传活动，吸引目标受众的关注和参与。

07

第 7 章

内容商业化

本章要点预览

◆ 知识付费的出现，为内容创作者和用户提供了新的
交互方式和价值实现途径。

◆ 电商交易通过直播和短视频推广带货，增加了消费
者的信任感和购买欲望。

◆ 广告变现是很多互联网产品的主要盈利模式之一，
也是一种相对简单、有效的商业模式。

◆ 私域导流是建立更稳定和亲密的用户关系、提高用
户转化和留存的过程。

7.1　知识付费

知识付费的出现是基于互联网技术的发展和用户需求的变化，它为内容创作者和用户提供了新的交互方式和价值实现途径。本节从知识付费的定义、类型、发展阶段、优势、挑战、案例和趋势等方面，对这个行业进行全面的分析和展望。

7.1.1　知识付费的定义

知识付费的概念并不统一，不同的机构和专家有不同的理解和划分。但总体而言，知识付费可以理解为一种基于互联网平台，将知识、技能或内容转化为付费产品，满足用户的学习和成长需求的商业模式。其中的"知识"可以是图书、文章、音频、视频、直播、问答、社群等各种形式的内容，也可以是专业领域、生活兴趣方面的技能和经验；"付费"可以是一次性购买、按次收费、按期订阅、会员制等各种方式；"平台"可以是专业的知识付费平台，也可以是综合性的社交媒体或电商平台。

7.1.2　知识付费的类型

根据内容形式和服务方式的不同，知识付费可以分为以下几种类型。

（1）图文类

这是最早出现的一种知识付费类型，以文字为主要载体，辅以图表等形式呈现内容。图文类知识付费产品通常以专栏、电子书、杂志等形式出现，具有内容丰富、易于阅读和保存等特点。代表性平台有得到、简书、豆瓣阅读等。

（2）音频类

这是近几年比较火热的一种知识付费类型，以声音为主要载体，辅以文字或图片等形式呈现内容。音频类知识付费产品通常以音频节目、有声书、播客等形式出现，具有内容生动、易于传播和消费等特点。代表性平台有喜马拉雅、荔枝 FM、蜻蜓 FM 等。

（3）视频类

这是目前最受欢迎的一种知识付费类型，以画面为主要载体，辅以声音或文字等形式呈现内容。视频类知识付费产品通常以视频课程、微课程、短视频等形式出现，具有内容直观、易于吸引和留存等特点。代表性平台有网易云课堂、腾讯课堂、B 站等。

（4）直播类

这是最新兴的一种知识付费类型，以实时互动为主要特征，辅以画面或声音等形式呈现内容。直播类知识付费产品通常以直播讲座、直播答疑、直播体验等形式出现，具有内容即时性、易于参与和反馈等特点。代表性平台有花椒、映客、抖音等。

（5）社群类

这是最具潜力的一种知识付费类型，以群体互动为主要特征，辅以文字或图片等形式呈现内容。社群类知识付费产品通常以微信群、QQ 群、论坛等形式出现，具有内容多样性、易于沟通和共建等特点。代表性平台有知识星球、微信读书、百度贴吧等。

7.1.3 知识付费的发展阶段

知识付费的发展可以分为以下几个阶段，如图 7-1 所示。

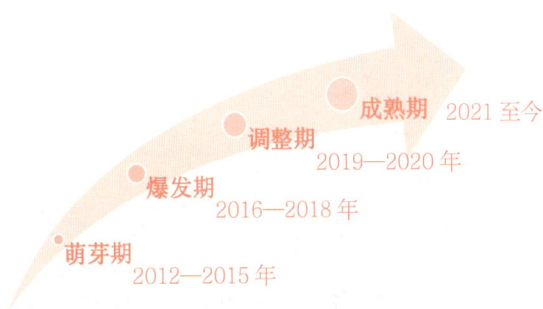

成熟期 2021 至今
调整期 2019—2020 年
爆发期 2016—2018 年
萌芽期 2012—2015 年

图 7-1 知识付费的发展阶段

（1）萌芽期：2012—2015 年

知识付费的概念刚刚出现，内容形式和服务方式比较单一，用户规模和市场规模比较小，行业竞争还不激烈，以图文类为主。代表性平台有得到、简书、豆瓣阅读等。

（2）爆发期：2016—2018 年

知识付费的概念开始被广泛认可，内容形式和服务方式开始多样化，用户规模和市场规模开始快速增长，行业竞争开始加剧，以音频类为主。代表性平台有喜马拉雅、荔枝 FM、蜻蜓 FM 等。

（3）调整期：2019—2020 年

知识付费的概念开始被审视，内容形式和服务方式开始优化升级，用户规模和市场规模开始趋于稳定，行业竞争开始分化洗牌，以视频类为主。代表性平台有网易云课堂、腾讯课堂、B 站等。

（4）成熟期：2021 年至今

知识付费的概念开始被深化，内容形式和服务方式开始融合创新，用户规模和市场规模再次扩张，行业竞争向垂直领域延伸，以直播类和社群类为主。代表性平台有小红书、视频号、抖音、知识星球、微信读书等。

7.1.4　知识付费的优势

知识付费作为一种新兴的商业模式，具有以下几个方面的优势。

对于内容创作者而言，知识付费可以提高他们的收入和影响力，激励他们创作更多更好的内容，形成良性循环。同时，知识付费也可以帮助他们建立自己的品牌和粉丝群体，提升他们的专业地位和社会认可。

对于用户而言，知识付费可以满足他们个性化和多样化的学习及成长需求，帮助他们提升自我能力和价值，增强他们的幸福感和自信心。同时，知识付费也可以让他们享受到优质的内容和服务，节省他们的时间和精力，提高他们的效率和效果。

对于平台而言，知识付费可以增加他们的收入和利润，扩大他们的市场份额和竞争优势，增强他们的品牌形象和用户忠诚度。同时，知识付费也可以促进他们的技术创新和产品升级，优化他们的运营管理和风险控制，提升他们的行业地位和社会责任感。

7.1.5　知识付费的挑战

知识付费虽然具有很多优势，但也面临着一些挑战，主要有以下几个方面。

（1）内容质量不稳定

由于知识付费市场还不成熟，内容创作者的水平参差不齐，部分内容存在抄袭、误导、夸大等问题，导致用户对内容质量不信任或不满意，影响用户的消费意愿和忠诚度。

（2）内容形式不创新

由于知识付费市场还不饱和，内容创作者往往倾向于跟风或模仿，缺乏原创性和创新性，导致用户对内容形式感到厌倦，影响用户的消费体验和满意度。

（3）内容服务不完善

由于知识付费市场还不规范，内容创作者和平台之间的合作关系不明确，缺乏有效的监督和保障，导致用户对内容服务感到不安全或不便利，影响用户的消费信心和效果。

（4）用户需求不明确

由于知识付费市场还在发展，用户的需求和喜好不断变化，难以捕捉和满足，导致用户对内容选择感到困惑或失望，影响用户的消费决策和价值。

7.1.6　知识付费的案例

为了更好地了解知识付费的实际运作和效果，下面介绍几个知识付费的成功案例。

（1）得到

得到是中国最大的知识付费平台之一，主要提供图文类和音频类的知识付费产品，涵盖职业技能、人文社科、财经理财等多个领域。其特点是聚集了众多知名的作者和专家，提供高质量的内容和服务，打造了一个高端的知识社区。

（2）喜马拉雅

喜马拉雅是中国最大的音频平台之一，主要提供音频类和直播类的知识付费产品，涵盖生活兴趣、健康养生、教育培训等多个领域。其特点是拥有海量的音频内容，提供多样化的内容和服务，打造了一个广泛的音频生态。

（3）网易云课堂

网易云课堂是中国最大的视频教育平台之一，主要提供视频类和社群类的知识付费产品，涵盖编程开发、设计创作、职场进阶等多个领域。其特点是集成了网易旗下的多个优质资源和品牌，提供专业化的内容和服务，打造了一个完善的教育系统。

7.1.7 知识付费的趋势

根据对知识付费行业的分析和观察，我们可以预见以下几个方面的发展趋势。

（1）内容质量将更加被重视

随着用户对内容质量的要求越来越高，内容创作者将更加注重内容的原创性、专业性、实用性等方面，提升内容的价值和水平。同时，平台也将更加注重内容的审核、评价、推荐等方面，提升内容的可信度和口碑。

（2）内容形式将更加多元

随着用户对内容形式的需求越来越多样化，内容创作者将尝试更多不同的内容形式和载体，如短视频、直播、社群、VR/AR 等，提升内容的吸引力和互动性。同时，平台也将更加支持不同的内容形式和载体，提升内容的展示和传播效果。

（3）内容服务将更加完善

随着用户对内容服务的期待越来越高，内容创作者将更加注重内容的更新、反馈、售后等方面，提升内容的持续性和满意度。同时，平台也将更加注重内容的保障、维权、奖励等方面，提升内容的安全性和公平性。

（4）用户需求将更加明确

随着用户对自己的需求和喜好越来越清晰，用户将更加主动地寻找和选择适合自己的内容及服务，提升自己的消费效率和价值。同时，平台也将更加精准地分析和满足用户的需求及喜好，提升用户的消费体验和忠诚度。

7.2 电商

电商是指利用互联网技术和信息化手段，通过网络平台进行商品或服务的交易活动。电商的发展经历了从网页到移动端、从图片到视频、从单向传播到互动沟通的演变过程。随着消费者对购物体验的要求不断提升，电商也需要不断创新和优化，以适应市场的变化和需求。

短视频带货和直播带货是近年来电商领域的两大创新模式，它们都利用了视频的形式展示商品或服务，增加了消费者的信任感和购买欲望。

7.2.1 直播

直播是一种实时的视频传播方式，让观众可以通过互联网观看主播的生活、工作、娱乐或教育等内容。直播作为一种新兴的媒体形式，近年来在中国迅速发展，成为一个庞大的市场和社会现象。

（1）直播的发展历史

直播的起源可以追溯到 20 世纪 90 年代，当时一些电视台和网络公司开始尝试通过互联网进行视频直播。但由于当时的网络带宽和设备条件有限，视频质量不高，观众数量也不多。

进入 21 世纪，随着互联网技术和智能手机的普及，直播开始出现新的变化。2005 年，YouTube 成立，为用户提供了一个上传和分享视频的平台。2007 年，iPhone 发布，开启了智能手机时代。2008 年，奥运会在北京举行，成为中国网络直播的一个契机。同年，Ustream 和 Justin.tv 等网络直播平台也相继诞生，为用户提供了更多的直播选择。

2010 年后，直播行业进入了快速发展期。一方面，秀场直播、游戏直播、体育直播等各种类型的直播涌现，吸引了大量的观众和主播。另一方面，微博、微信等社交媒体的兴起，为直播提供了更多的流量和传播渠道。2014 年，阿里巴巴收购优酷土豆后推出了优酷土豆直播平台。2015 年，腾讯旗下的 YY 语音推出了虎牙直播平台。2016 年被称为网络直播爆发的元年，花椒、映客、熊猫 TV 等众多直播平台纷纷上线。不仅如此，根据中国互联网络信息中心（CNNIC）统计的数据，截至 2016 年 6 月，网络直播用户规模达到 3.25 亿，占网民总数的 45.8%。这标志着全民直播时代的到来。

2017 年至今，抖音、小红书、视频号等主流社交媒体平台先后崛起，直播行业进入了多元化和深耕化阶段。一方面，随着政府对行业进行规范整顿，行业格局从"百花齐放"向"巨头争霸"过渡，流量、主播和资本开始向头部平台聚拢。另一方面，随着用户需求和消费能力的提升，直播内容渗透到电商、教育、医美、旅游、文化等各个领域，并出现了更多的创新形式和玩法，通过直播进行带货也是目前电商最重要的传播路径。

（2）直播带货的优势与挑战

直播带货作为一种成熟的电商模式，具有以下几个优势。

▶ 增强信任

直播带货可以实时地展示产品或服务的品质和效果，让消费者可以亲眼看到、亲耳听到、亲身体验，增加了消费者对产品或服务的信任感和认可。

▶ 增加互动

直播带货可以实现主播和消费者之间的实时沟通和交流。消费者可以提出自己的问题、意见或需求，主播也可以根据消费者的反馈进行调整或回应，增加了消费者的参与感和忠诚度。

▶ 增加刺激

直播带货可以利用各种促销手段和活动方式，如限时折扣、秒杀抢购、幸运抽奖等，让消费者产生紧迫感和危机感，增加了消费者的购买欲望和冲动性。

但是，直播带货也面临着一些挑战，主要有以下几个方面。

▶ 成本高昂

直播带货需要投入较多的人力、物力、财力等资源，如设备、场地、人员、货品、推广等，对商家或主播的资金和管理能力有较高的要求。

▶ **风险较大**

直播带货需要承担较多的法律、道德、品牌等方面的责任和风险，如商品质量、售后服务、版权侵权、虚假宣传等，对商家或主播的诚信和专业性有较高的要求。

▶ **竞争激烈**

直播带货需要面对众多的同行或竞争对手，如其他平台、其他主播、其他商品等，对商家或主播的差异化和创新能力有较高的要求。

（3）直播带货的案例

为了更好地了解直播行业的实际运作和效果，下面介绍几个直播行业的成功案例。

▶ **李佳琦**

李佳琦是中国最著名的美妆电商直播主播之一，他以风趣幽默的风格、专业细致的评测、诚信可靠的推荐，在短短几年内积累了数千万的粉丝和消费者。他的直播间经常出现"打开你的天猫，我给你'种草'"的口号，引发了大量的购买热潮。他的直播间也吸引了众多明星和品牌的合作，如杨幂、欧莱雅等。他的直播业绩也十分惊人。例如，2020 年"双十一"期间，他的直播间销售额超过了 50 亿元。

▶ **罗永浩**

罗永浩是中国最著名的互联网创业者之一，他曾经创办过锤子科技、老罗英语等公司，但都未能取得预期的成功。2020年，罗永浩转型成了电商直播主播，以其丰富的知识、犀利的观点、真诚的态度，在短时间内获得了大量的关注和支持。他的直播间经常出现"我不是来卖东西的，我是来聊天的"的说法，引发了大量的互动和讨论。他的直播间也吸引了众多创业者和投资者的合作，如马云、雷军、王兴等。他的直播业绩也十分惊人。例如，2020年"双十一"期间，他的直播间销售额超过了20亿元。

▶ 老师傅

老师傅是中国最著名的教育直播主播之一，他是一名中学数学老师，在抖音进行数学教学直播。他以其生动有趣的讲解、简单易懂的方法、耐心细致的答疑，在短时间内赢得了大量学生及家长的喜爱和信赖。他的直播间经常出现"老师傅教数学"的标语，引发了很高的学习热情。他的直播间也吸引了众多教育机构和媒体的合作，如新东方、人民日报等。他的直播业绩也十分惊人。例如，2020年暑假期间，他的直播间观看人数超过了5000万。

7.2.2 短视频带货

短视频带货是内容与电商的有效融合。相比直播，它的最大优势是可以实现"躺着挣钱"。

短视频带货的主要特点包括以下几个方面。

- 短视频的时长一般在15秒到3分钟，需要在有限的时间内吸引消费者的注意力，突出商品的卖点和优势。

- 短视频的内容一般以生活化、趣味化、情感化为主，通过故事化、情景化、对比等手法展现产品的价值和效果。

- 短视频的形式一般以自拍、专业拍摄、剪辑等方式制作，可以借助各种滤镜、音效、字幕等工具增加视频的美观度和趣味性。

- 短视频的平台一般以抖音、快手、小红书等为主，这些平台都有庞大的用户基数和强大的推荐算法，可以让短视频获得更多的曝光和流量。

（1）短视频带货流程

短视频带货的一般流程包括以下几个步骤。

- 选品：根据短视频平台的特点和用户画像，选择适合短视频展示和售卖的商品或服务，一般要求商品或服务有明显的视觉效果、使用场景、差异化优势等。

- 制作：根据商品或服务的特点和卖点，设计短视频的内容和形式，包括视频的主题、剧本、角色、道具、场景等，然后进行拍摄、剪辑、配音等制作工作。

- 发布：根据短视频平台的规则和推荐机制，选择合适的时间和频率发布短视频，并配上吸引人的标题、描述、标签等，同时在视频中加入商品或服务的链接或二维码，方便消费者下单。

- 运营：根据短视频平台的数据分析和反馈，对短视频的效果进行评估和优化，包括播放量、点赞量、评论量、转发量、点击量、下单量等指标，同时与消费者进行互动和沟通，提高用户黏性和转化率。

（2）短视频带货的优势和挑战

短视频带货作为一种新兴的电商模式，具有以下几点优势。

- 节省时间：短视频带货可以在有限的时间内传达出商品或服务的信息，节省了消费者浏览长图文详情页或长视频介绍的时间，提高了消费者的购物效率。

- 增加趣味：短视频带货可以通过各种有趣的内容和形式展示商品或服务，增加了消费者的观看乐趣，激发了消费者的情感共鸣和购买欲望。

- 扩大影响：短视频带货可以利用短视频平台的强大推荐算法，让短视频被更多的潜在消费者看到，扩大了商品或服务的曝光和传播范围。

但是，短视频带货也面临着一些挑战，主要有以下几个方面。

- 制作难度：短视频带货需要在有限的时间内突出商品或服务的卖点和优势，需要有较高的创意和技巧，对主播的表达能力和视频制作能力有较高的要求。

- 转化难度：短视频带货需要让消费者在观看短视频后立即下单，需要有较强的说服力和诱导力，对主播的话术和策略有较高的要求。

- 维护难度：短视频带货需要不断地更新和优化短视频的
  内容和形式，适应消费者的需求和喜好，以及平台的规
  则和机制，对主播的持续性和灵活性有较高的要求。

7.2.3 发展趋势和建议

根据对电商短视频带货和直播带货的比较分析，我们可以预见以下几个方面的发展趋势，并提出几点建议。

（1）融合发展

短视频带货和直播带货将不再是孤立的电商模式，而是会相互融合与借鉴，形成更加完善和多元的电商生态。例如，短视频带货可以借鉴直播带货的实时互动和促销方式，增加消费者的转化率和复购率；直播带货可以借鉴短视频带货的生活化和趣味化内容，增加消费者的观看率和参与度。

（2）垂直深耕

短视频带货和直播带货将不再是泛泛而谈的电商模式，而是会针对特定的领域或人群进行垂直深耕，形成更加专业和细分的电商市场。例如，短视频带货可以针对美妆、服饰、数码等领域进行深入的评测、推荐、教学等内容创作，增加消费者的信任感和认可；直播带货可以针对教育、医美、旅游等领域进行深入的介绍、演示、体验等内容创作，增加消费者的知识深度和满意度。

（3）技术创新

短视频带货和直播带货将不再是单纯的电商模式，而是会利用各种新技术和新工具进行技术创新，形成更加智能和便捷的电商体验。例如，短视频带货可以利用 AI、VR/AR 等技术实现内容生成、场景模拟、商品试穿等功能，增加消费者的观看乐趣和购买欲望；直播带货可以利用 5G、云计算等技术提升画质、优化网络、分析数据等，增加消费者的观看清晰度和购买效率。

7.3　广告变现

广告变现是指通过在产品或服务中展示或推送广告，从而获得收入的过程。广告变现是很多互联网产品的主要盈利模式之一，也是一种相对简单有效的商业模式。但是，如何提升产品的广告变现效率，也是一个需要深入探讨和优化的问题。本节从以下几个方面介绍广告变现的相关知识。

7.3.1　广告变现的基本原理和方法

广告变现的基本原理是通过在产品或服务中展示或推送广告，从而获得广告主的付费。其过程涉及三个主要角色：广告主、广告平台和流量方。

广告主是指需要通过广告宣传自己的品牌、产品或服务的人或机构，他们会向广告平台提供广告素材和预算，希望通过广告吸引潜在的客户或用户。

广告平台是指提供广告投放和管理服务的人或机构，他们会根据广告主的需求和目标匹配合适的流量方，并向他们提供相应的广告内容和形式。

流量方是指拥有大量用户或访问者的人或机构，他们会向广告平台请求或接受广告，并在自己的产品或服务中展示给用户或访问者看。流量方可以是网站、App、社交媒体、视频平台等。

在这个过程中，每个角色都有自己的目标和收益。广告主的目标是通过广告提高自己的品牌知名度、产品销量、用户数量等指标，他们的收益通过广告产生的转化效果实现。广告平台的目标是通过提供高效、精准、优质的广告服务满足广告主和流量方的需求，他们的收益通过从广告主收取服务费用或从流量方分成收入实现。流量方的目标是通过展示或推送广告增加自己的收入，同时不影响自己的核心业务和用户体验，他们的收益通过从广告平台获取分成收入或奖励实现。

根据不同的角度，广告变现可以采用不同的方法。

（1）按照计费方式分

计费方式是指流量方向广告平台获取收入的方式，也是衡量流量价值和效果的方式。常见的计费方式有以下几种。

- 按照点击计费（Cost Per Click，CPC），即每当用户点击了展示在流量方产品或服务中的广告后，流量方就可以获得一定的收入。这种方式适合那些能够吸引用户点击并进入目标页面或做出下载应用等动作的广告。

- 按照曝光计费（Cost Per Mille，CPM），即每当用户看到展示在流量方产品或服务中的广告后，无论是否点击，流量方都可以获得一定的收入。这种方式适合那些只需要实现提高品牌知名度或传递信息等目标的广告。

- 按照销售额计费（Cost Per Sale，CPS），即每当用户通过点击展示在流量方产品或服务中的广告，并且在目标页面或应用中完成购买等动作后，流量方就可以获得一定比例的收入。这种方式适合那些需要推动用户消费的广告。

- 按照效果计费（Cost Per Action，CPA），即每当用户通过点击展示在流量方产品或服务中的广告，并且在目标页面或应用中完成预定的动作后，流量方就可以获得一定的收入。这种方式适合那些需要激励用户行为的广告，如注册、填写信息、参与活动等。

- 按照时间段计费（Cost Per Time，CPT），即无论用户是否看到或点击展示在流量方产品或服务中的广告，只要广告在指定的时间段内展示，流量方就可以获得一定的收入。这种方式适合那些需要保证广告曝光量和时长的广告，如开屏广告、悬浮广告等。

（2）按照广告形式分

广告形式是指广告在流量方产品或服务中展示的样式和方式。常见的广告形式有以下几种。

- Banner 广告：一种常见的图文或图片形式的广告，通常出现在页面的顶部或底部，占据较小的空间，不会过多干扰用户的正常操作。

- 插屏广告：一种常见的图片或视频形式的广告，通常出现在页面的中间位置，占据较大的空间，会打断用户的正常操作，但也会吸引用户的注意力。

- 信息流广告：一种常见的图文或视频形式的广告，通常出现在页面中与内容相似或相近的位置，与内容融为一体，不会显得突兀，也不会打断用户的正常操作。

- 开屏广告：一种常见的图片或视频形式的广告，通常出现在应用启动时占据整个屏幕的位置，持续几秒后消失或可跳过，会打断用户的启动体验，但也会提高品牌曝光度。

- 激励视频广告：一种通过 App 内奖励吸引用户主动选择观看的全屏视频形式广告。观看一段 15 ~ 60 秒的视频，用户便可获得奖励，平台也会得到丰厚的变现收益。这种方式适合那些需要刺激用户参与度和忠诚度的产品或服务。

（3）按照投放渠道分

投放渠道是指流量方通过哪些平台获取和展示广告。常见的投放渠道有以下几种。

▶ 自建渠道

自建渠道是指流量方自己开发与维护自己的广告系统和资

源，并直接与广告主进行对接和交易。这种方式的优点是可以完全控制自己的流量和收益，并且可以根据自己的产品特点定制个性化和创新性的广告形式和策略；缺点是需要投入大量人力、物力建设和运营自己的渠道，并且需要有足够强大和稳定的客户资源保证收益。

▶ **第三方渠道**

第三方渠道是指流量方通过接入一些专业的广告平台或网络获取和展示广告资源，并按照一定的比例分成收益。这种方式的优点是可以省去自己建设和运营广告系统所需的人力、物力，以及可以利用第三方平台或网络的技术优势和市场资源提高广告变现的效率和质量；缺点是需要遵守第三方平台或网络的规则和标准，并且可能会面临与其他流量方的竞争和冲突。

▶ **联盟渠道**

联盟渠道是指流量方通过加入一个由多个广告平台和流量方组成的广告联盟获取和展示广告资源，并按照一定的比例分成收益。这种方式的优点是可以扩大自己的广告资源和流量覆盖，以及享受联盟的技术支持和数据分析；缺点是需要遵守联盟的规则和标准，并且可能会面临联盟内部的竞争和冲突。

7.3.2　广告变现的优势和挑战

广告变现作为一种流行的流量盈利方式，有着自己的优势和挑战。

（1）优势

- 广告变现可以为流量方提供一种稳定且可观的收入来源，不需要依赖用户的付费或其他方式获取收益。

- 广告变现可以为广告主提供一种高效且灵活的推广渠道，不需要花费大量的时间和金钱建立自己的平台或资源。

- 广告变现可以为用户提供一种免费或低价的使用体验，不需要支付额外的费用或承担额外的风险来享受产品或服务。

- 广告变现可以为整个互联网生态提供一种良性的循环，促进各方之间的合作和竞争，推动行业的发展和创新。

（2）挑战

- 广告变现需要面对市场的变化，不断地调整和优化自己的广告策略，以适应用户、广告主及平台的需求和喜好。

- 广告变现需要平衡广告收益和用户体验之间的关系，避免过度或不合适的广告干扰用户的正常使用，以免造成用户的反感或流失。

- 广告变现需要遵守法律法规和道德规范，保护用户的隐私和安全，尊重广告主的合法权益，以免引起法律纠纷或社会舆论的负面影响。

- 广告变现需要应对技术的挑战和风险，防范恶意点击、作弊、欺诈等行为，以及网络攻击、故障、泄露用户数据等事件，保证广告业务的正常运行和收益。

7.3.3　广告变现的发展趋势和建议

广告变现是一个不断变化和创新的领域，它需要我们不断地学习和实践，才能找到最适合自己的方法和策略。

（1）发展趋势

- 广告变现将更加注重以用户为中心，更加关注用户的需求、偏好、行为、反馈等数据，以提供更加个性化和生活化的体验。所以，我们会看到越来越多的品牌在推广中，借助新媒体平台启用越来越多的素人博主和达人群体进行"种草"，其实就是一种从用户需求和偏好等角度出发，进行的类似"买家秀"的产品"种草"展示。

- 广告变现将越来越多地利用新技术和新媒介，运用人工智能、大数据、区块链、5G 等技术，以及短视频、直播、社交电商等媒介，提供更加多样化、创新化、高效化、高质化的广告形式和内容。

- 广告变现将更加注重品牌建设和社会责任，更加重视品牌形象、口碑、信誉，以及社会公益、环境保护、文化传播等方面，提供更加有价值、有意义、有影响力的广告信息。

（2）建议

对于流量方来说，如果希望广告变现收入稳定或越来越好，首先要关注自己所处的领域里，产品方偏好投放广告的公域渠道是哪些；其次，要在自己制作的短视频或图片内容里，给产品方预留他们的产品可以出镜的位置；最后，就是要在所处的领域持续输出优质内容，吸引产品方的注意。

对于产品方来说，广告投放预算分为两部分，一部分是曝光量，另一部分是销售转化。产品方应根据自己阶段性的推广目标和预算，以及用户群体比较活跃的公域渠道，搭建自己的新媒体流量矩阵。

7.4 私域导流

私域导流是指通过各种方式和渠道，将公域流量（如微信、抖音、快手等平台上的用户）转变为私域流量（如微信群、企业微信、小程序等自有平台上的用户），从而建立更稳定和亲密的用户关系，提高用户转化和留存的过程。本节从以下几个方面介绍私域导流的相关知识。

7.4.1 私域导流的基本原则和步骤

私域导流是一个系统性工程，需要遵循一些基本的原则和步骤。

（1）原则

- 以用户为中心，了解用户的痛点和需求，提供有价值和有吸引力的内容和服务。
- 以目标为导向，明确私域导流的目标和指标，制定合理、有效的策略和方案。

- 以数据为依据，收集、分析私域导流的数据和效果，不断地测试、优化私域导流的方法和渠道。

（2）步骤

- 确定私域平台：根据自己的业务特点和用户特征选择合适的私域平台，如微信群、企业微信、小程序等，并建立自己的私域账号或社群。

- 确定公域渠道：根据自己的目标人群和预算选择合适的公域渠道，如微信、抖音、快手等，并建立自己的公域账号或内容。

- 设计引流诱饵：根据自己的产品或服务设计有价值、有吸引力的引流诱饵，如优惠券、红包、礼品、资料等，并设置合理的领取条件和限制。

- 实施引流方案：根据自己的策略实施引流方案，如在公域内容中留下私域信息、在公域平台中推广私域活动、在公域渠道中投放私域广告等。

- 跟踪引流效果：根据自己的指标和数据跟踪引流效果，如引流成本、引流数量、引流质量、引流转化等，并根据数据进行分析和优化。

7.4.2 私域导流的常见方法和案例

私域导流有很多种方法，我们可以根据不同的场景、目标进行选择和组合。

（1）线上方法

▶ 内容营销

通过在公域平台发布有价值和有吸引力的内容，如文章、视频、直播等，并在内容中留下私域信息或链接，引导用户关注或访问私域平台。例如，知乎文章《有哪些导流私域流量的方法》就是一个内容营销的案例，其中介绍了瑞幸咖啡的私域运营方法，并在文末留下了公众号和企业微信，引导用户关注。

▶ 广告投放

通过在公域平台投放有针对性和创意的广告，如搜索广告、信息流广告、视频广告等，并在广告中留下私域信息或链接，引导用户关注或访问私域平台。例如，人人都是产品经理的文章《靠这 8 种方法，视频号私域引流 5000 人》就是一个广告投放的案例，其中介绍了视频号的私域引流方法，并在文末留下了一个拓展链接，引导用户点击进入公众号文章，并在文章中留下了个人微信，引导用户添加。

▶ 活动营销

通过在公域平台上举办有趣和有奖励的活动，如抽奖、答题、挑战等，并在活动中留下私域信息或链接，引导用户关注或访问私域平台。例如，知乎上《为什么要做私域流量》这篇文章就是一个活动营销的案例，其中介绍了私域的重要性和基础逻辑，并穿插了作者的知识付费课程"全媒体运营官训练营"特惠价海报链接，只需要 0.38 元，引导用户点击链接报名。

（2）线下方法

▶ 门店引流

在门店或实体场所设置有诱惑力和便捷性的私域信息或链接，如二维码、海报、贴纸等，并通过门店人员或物料引流到社群，在社群中进行福利发放和活动推广等。

▶ 线下活动

在线下举办有趣和有价值的活动，如讲座、沙龙等，并在活动中设置有诱惑力和便捷性的私域信息或链接，如二维码、名片、手环等，通过活动人员或物料进行引导，让用户进入私域平台。

▶ 合作推广

与其他品牌或机构进行合作推广，利用对方的资源和影响力向对方的客户或用户推荐自己的产品或服务，并提供有诱惑力和便捷性的私域信息或链接，如二维码、优惠券、礼品等，通过合作方的人员或物料进行引导，引流私域平台。

7.4.3 私域导流的发展趋势和建议

为什么现在很多人觉得私域导流越来越难了，用户的抵触情绪越来越大了？这是因为用户对各类品牌和产品的营销套路已经认识得越来越清晰了，所以一旦遇到明显的导流动作，本能的反应是再考虑考虑。如果不跟随用户的体验感去调整私域导流的策略，那么任何私域都会面临活跃度越来越低的风险。

（1）发展趋势

▶ 重视用户兴趣化

由于现在的消费品类和用户人群越来越细分，私域在未来必定会不断筛选用户进行分组别运营。例如，购买热水器的用户不一定都对喝茶感兴趣，不一定都具备相同的消费认知和习惯，尤其是兴趣爱好。粗略地将购买过该产品的人拉入一个消费群，最后导致的结果往往就是会有一部分私域流量在你的私域里彻底不活跃，不但不产生任何复购，并且不做出任何反馈。因为你的用户之间没有共同语言，只喜欢在自己感兴趣、有归属感的环境中表现得活跃。

▶ 精耕细作化

未来的私域会发展得越来越高级。因为私域的流量竞争也是非常激烈的，过去那种发几张糊图、甩几张成交案例截图，或者晒一个炫富的朋友圈就能够促成交易的时代已经越来越远，用户对私域的内容要求和对公域的内容要求会越来越一致。所以，私域导流一定是从精心设计和制作选题到脚本、再到视觉的内容制作全流程。

（2）建议

对于流量方来说，建议重点关注用户画像，拆解用户的喜好、消费预算和消费习惯等。根据用户画像经营私域，无论是社群还是朋友圈运营，都先输出用户感兴趣的干货，再根据用户的反馈做选品和销售转化。简单地说，即用户需要什么，就找这样的产品做销售转化。但是，在销售前要先给用户展示你在私域的人设和你可以提供给用户的价值。

对于产品方来说，建议根据自己的推广预算和销售目标，重点从用户集中和活跃的公域渠道引流，以提高私域导流的效率和目标人群的精准性，为私域的销售转化打好基础。同时，如果预算充裕，产品方可以在私域使用一些小程序，缩短用户的下单路径，也便于后期收集和复盘用户消费数据。